MARKETING VERDE

TERESA PAIVA
REINALDO PROENÇA

CB000725

ALMEDINA

ALMEDINA BRASIL IMPORTAÇÃO, EDIÇÃO E COMÉRCIO DE LIVROS LTDA.
ALAMEDA CAMPINAS, 1077, 6º ANDAR, JD. PAULISTA
CEP: 01404-001 – SÃO PAULO, SP – BRASIL
TEL./FAX: +55 11 3885-6624
SITE: WWW.ALMEDINA.COM.BR

PRODUÇÃO EDITORIAL, DIAGRAMAÇÃO E CAPA: CASA DE IDEIAS EDITORAÇÃO E DESIGN

ISBN: 978-85-62937-08-8

Dados Internacionais de Catalogação na Publicação (CIP)
(Câmara Brasileira do Livro, SP, Brasil)

Paiva, Teresa
Marketing verde / Teresa Paiva, Reinaldo Proença. -- São Paulo : Almedina, 2011.

ISBN 978-85-62937-08-8
Bibliografia.

1. Competitividade 2. Empresas - Responsabilidade social 3. Marketing 4. Marketing - Aspectos ambientais 5. Marketing social 6. Marketing verde 7. Negócios I. Proença, Reinaldo. II. Título.

11-07822	CDD-658.408

Índices para catálogo sistemático:
1. Marketing verde : Administração de empresas   658.408

Por um Mundo Melhor…

TERESA PAIVA

*Pelo tempo de pai que lhes tenho roubado com toda a minha
atividade acadêmica nestas últimas décadas, dedico este livro às minhas
filhas Cristina, Inês e Madalena, as três variáveis mais lindas e importantes
na equação da minha vida.*

REINALDO PROENÇA

Sumário

um

Introdução

1.1 UM NOVO PARADIGMA EMPRESARIAL

A primeira década do século XXI mostrou aos mais desatentos que o mundo está em profunda mudança em vários domínios e que os notáveis avanços tecnológicos na área ambiental, condicionados por decisões vindas da esfera política internacional, ainda não produziram no nosso planeta os efeitos benéficos que seriam expectáveis.

Apesar da frustração generalizada, que nem o presidente Obama, galardoado com o Nobel da Paz em 2009, pôde disfarçar, a substituição do Protocolo de Kyoto pelo novo documento saído da conferência de Copenhague, em dezembro de 2009, veio, entre outras preocupações, chamar novamente a atenção para a sustentabilidade do planeta Terra.

O redobrado alerta para a necessidade da substituição dos combustíveis fósseis, particularmente o petróleo e o carvão, com as implicações conhecidas do aumento do seu uso na emissão de metano e dióxido de carbono, convoca todos os intervenientes do processo a uma profunda reflexão sobre a necessidade de alteração do paradigma energético e ambiental.

A emergência da aplicação de medidas concretas que aumentem a sustentabilidade do nosso planeta não tem sido só imposta aos Estados, mas igualmente à esfera dos negócios.

A comunidade empresarial, particularmente a mais internacionalizada e com subsidiárias espalhadas pelos vários pontos do globo, nunca deixou de estar atenta ao problema, embora por vezes fosse mais lenta do que o esperado na prossecução de medidas de sustentabilidade ambiental, tendo em conta a rapidez com que atua face às oportunidades de mercado.

De qualquer forma, são notórios os esforços feitos para melhorar práticas de gestão que concorram para o aparecimento de produtos mais amigos do ambiente.

Esse esforço louvável que muitos gestores têm implementado para estimular a sustentabilidade/proteção ambiental no mundo dos negócios, independentemente da dimensão e do nível de internacionalização das empresas, tem sido medido por entidades de credibilidade e independentes. Entre elas, merece particular referência o Índice Global Dow Jones de Sustentabilidade (DJSI World – Dow Jones Sustainability World Index).

Esse índice faz uma avaliação das melhores práticas empresariais, tendo em conta diversos critérios, dos quais se destacam, pela sua importância, o impacto sobre a economia, a proteção do meio ambiente e a responsabilidade social.

A distinção atribuída pelo DJSI World às empresas com verdadeiras preocupações ambientais é feita com base em relatórios de sustentabilidade efetuados pela SAM (Sustainable Asset Management), uma entidade suíça independente.

É notório que o mundo empresarial tem, na segunda década deste século, um novo desafio: contribuir, em maior grau e mais rapidamente, para a sustentabilidade/proteção ambiental do planeta.

Tendo sempre presente que a comunidade empresarial não se move por interesses filantrópicos, embora alguns dos seus membros os tenham, é tempo de os empresários mais inovadores e atentos às novas realidades do mundo da gestão encontrarem espaço no seu planejamento estratégico para a proteção do meio ambiente e para a responsabilidade social.

Executivos com uma visão de partilha do sucesso no mundo dos negócios com a comunidade local/regional onde estão inseridos e, com, contribuírem para a sustentabilidade do nosso planeta serão os futuros protagonistas do crescimento empresarial. Esse novo paradigma, para onde se encaminha a gestão moderna, tem a vantagem de satisfazer não só as partes diretamente interessadas, mas também todos os habitantes da Terra, incluindo os próprios empresários e gestores.

Essa visão do mundo dos negócios não é mera retórica, pois assenta em resultados já amplamente reconhecidos pela comunidade empresarial mais atenta e também pela comunidade científica portuguesa, que tem refletido sobre essa temática (Caetano *et al.*, 2008; Caetano e Gouveia, 2009).

1.2 UMA NOVA GESTÃO DE MARKETING

A gestão das empresas, em contexto concorrencial de mercado aberto, não se pauta por improvisos conjunturais, nem tampouco por palpites, por mais experientes que sejam seus quadros. O gestor da segunda década do século XXI e seguintes é, necessariamente, alguém que percebe a turbulência dos mercados e que avalia seu impacto sobre os negócios da empresa.

Liderando equipas pluridisciplinares, o gestor procura no mercado as razões para suas opções estratégicas, pois sabe, às vezes por experiência amarga, que o mercado é uma entidade que vem sofrendo uma rápida e profunda mutação.

A primeira década do novo século e, mais recentemente, a crise financeira que abalou a economia mundial vieram mostrar que os mercados são muito mais voláteis do que se desejaria. No entanto, essa realidade não inibe os empresários e estrategistas de direcionarem cada vez mais as ofertas das suas empresas para as reais necessidades dos mercados.

Assim sendo, as empresas com uma gestão de sucesso reconhecem há muito que o mercado da empresa é, na esmagadora maioria dos casos, uma realidade desagregável em diferentes segmentos. O corolário lógico dessa visão estratégica para os gestores de marketing é a crescente preocupação com a definição das variáveis de segmentação de um mercado.

A causa dessa estratégia centrada no mercado/segmento(s) da empresa é fácil de compreender, pois os gestores, particularmente aqueles que recorrem ao planejamento de marketing, sabem bem que são os consumidores que determinam o êxito ou o insucesso de um produto ou de uma marca.

Nas últimas décadas, nas médias e grandes empresas, e também em algumas PME (pequenas e médias empresas) de capital intensivo, a gestão do portfólio dos produtos que constituem cada uma das suas unidades de negócio evoluiu para uma cuidadosa gestão da marca e dos valores que ela representa.

Essa visão e planejamento estratégico a partir do desenvolvimento de produtos adequados às novas necessidades e valores dos consumidores requer uma permanente auscultação dos diferentes mercados da empresa, de forma a perceber o grau de consciência ecológica dos países onde opera.

Assim sendo, os gestores de marketing têm de ter sempre presente que o consumidor da segunda década do século XXI, no seu processo de decisão, escolhe a marca que melhor compatibiliza os seus interesses de comprador com o ambiente/sociedade que o rodeia (Fraj-Andrés *et al.*, 2009).

Esses novos "consumidores verdes", com uma dispersão etária assinalável (Lee, 2008), constituem um interessante nicho de mercado no qual as empresas tidas como "amigas do ambiente" vêm apostando, algumas delas com enorme sucesso.

dois

Do consumo sustentável ao consumidor verde

Nestes últimos anos, nos países mais evoluídos, as questões ambientais têm recebido particular atenção, reflexo das preocupações do público e de sua consciência crescente dos problemas ecológicos.

O aparecimento desse tipo de preocupação ambiental no discurso político revela bem a importância que alguns movimentos de consumidores têm tido na agenda midiática (Klintman, 2009).

Essa progressiva consciencialização das questões ambientais por parte dos consumidores teve consequências no mundo empresarial, que começou a equacionar o desenvolvimento de novos produtos, mais consentâneos com as preocupações ecológicas dos mercados – daí o aparecimento do "marketing verde".

O conceito "marketing verde" introduz na estratégia de marketing uma preocupação com a *"ecoperformance"*, escrutinada pelos consumidores, pois representa o impacto que a atuação das empresas tem nos humanos e em seu meio natural (Hartmann e Ibanez, 2006).

Estudos mais recentes relacionadas à internacionalização do marketing verde por parte das "ecoempresas" têm mostrado diferenças significativas entre países do espaço europeu no tocante à consciência ambiental dos consumidores e à legislação vigente (Gurau e Ranchhod, 2005).

Essa realidade ajuda a explicar por que motivo a evolução do marketing verde tem sido mais lenta em alguns países, mas irreversível, conforme as últimas décadas demonstram.

Pode-se afirmar que o marketing verde teve a sua origem na década de 1960, quando se começou a discutir o ajustamento, ou a falta dele, entre recursos naturais e o crescimento exponencial da população.

Durante os anos 70, as preocupações ambientais já não se dirigiam apenas ao hiato entre recursos naturais e densidade populacional, mas também ao abuso de consumo de recursos por parte das empresas, com seus excessos de produção e falta de respeito pela preservação do ambiente. Aqui, os países ocidentais do Hemisfério Norte eram o alvo mais visado (Portilho, 2003).

Na década de 1980, as opções de consumo eram o reflexo de um individualismo que encontrava resposta numa proliferação de produtos que surgiram para satisfazer às necessidades de um mercado fragmentado.

A partir da década de 1990, considerada a mais fértil em termos de produção científica sobre o consumidor verde (Hartmann e Ibanez, 2006), a percepção do impacto ambiental alargou-se aos altos padrões de consumo das sociedades e o centro dessa problemática deslocou-se para a esfera individual de cada consumidor. As pessoas começaram a ter consciência das consequências dos seus atos de consumo, não só em termos de esgotamento de recursos naturais pelo excesso de consumo, como da poluição que esses atos e toda a sua atividade diária causavam na preservação da natureza e, consequentemente, na desses recursos.

Nos anos 90, formou-se uma consciência social da necessidade de se lidar com problemas globais (Afonso, 2010). A grande diferença entre os consumidores dos anos 70 e 90 é que os primeiros se concentravam numa perspectiva radical e de restrição de consumo, enquanto os segundos eram favoráveis a soluções tecnológicas que lhes possibilitassem a manutenção de seus estilos de vida.

O nascimento do novo século parece ter reforçado essa postura, originando uma passagem do não desenvolvimento para o desenvolvimento sustentável.

Nessa nova realidade, assiste-se ao aparecimento de grupos de pressão com campanhas de defesa ambiental, aumentam as reportagens dos *meios de comunicação* sobre esses temas, as questões ecológicas passam a fazer parte da agenda política, definem-se leis e regulamentações para proteção ambiental e levam-se a cabo ações voltadas para esse campo, com abrangente cooperação internacional.

Essas tendências acentuam-se e, em alguns países do norte da Europa, como é o caso da Suécia, no final da primeira década deste novo século a discussão já se centrava na participação dos consumidores verdes nas decisões políticas relativas ao ambiente (Klintman, 2009).

No início desta segunda década do século XXI, o foco está cada vez mais na preocupação de comportamento social devido ao seu reflexo na qualidade de vida futura de toda a população mundial.

Face à evolução descrita, pode-se afirmar que o fosso entre valores e comportamento pró-ambiental, embora existindo (Pickett-Baker e Ozaki, 2008), vem diminuindo significativamente, sendo previsível que num futuro próximo os valores pró-ambientais dos consumidores se reforcem.

Perante esse novo contexto ambiental, podemos dizer que as últimas décadas – particularmente o novo século – viram nascer um novo consumidor, com um comportamento "mais verde", designado por "consumidor verde", "consumidor cidadão" ou "consumidor consciente".

2.1 O "CONSUMIDOR VERDE" NO SÉCULO XXI

2.1.1 O que significa

O reconhecimento por parte dos consumidores de sua responsabilidade ecológica tem tornado a preocupação em proteger e preservar o ambiente em um aspecto cada vez mais importante de sua vida e de suas decisões de compra (Pickett-Backer e Ozaki, 2008; Brown e Wahlers, 1998).

Nesse contexto, nasceu o conceito de consumidor "verde", e muita discussão tem surgido em torno dele. No entanto, será que todos falamos do mesmo tipo de consumidor? Para uns, ser "verde" pode não ter o mesmo significado que tem para outros. Convém, por isso, esclarecer o que os estudos das últimas duas décadas nos ensinam sobre essa problemática.

Alguns pesquisadores têm assinalado que, para os consumidores, ser "verde" equivale a uma forma de estar na vida que procura minimizar os efeitos adversos no ambiente. O consumidor enfrenta uma variedade de escolhas de consumo que representam diferentes graus de ecologia e que implicam uma avaliação do impacto ambiental da escolha do produto ou serviço e uma mudança comportamental na compra, consumo e posterior utilização do produto (Banerjee *et al.*, 1995; Zinkhan e Carlson, 1995). Daqui se conclui que ser "verde" não é um estado dicotómico.

A diferença entre os vários tipos de "verde" pode ser descrita como "verde antropocêntrico" [1] e "verde ecocêntrico" [2], ou, como Dobson (1990) descreve, "verde" com "v" minúsculo e "Verde" com "v" maiúsculo. Entre esses dois extremos existem vários tons de verde, de acordo com a dimensão política e a posição do ser humano na natureza (Kilbourne, 1995).

De fato, há cerca de três décadas, os ambientalistas faziam a distinção entre "ecologia profunda" e "ecologia superficial", dependendo do grau de preocupação ambiental demonstrada pela opção de estilo de vida (Naess, 1992). Na década de 1970, tal situação levou os estudiosos

---

[1]   Antropocêntrico – relativo ao antropocentrismo, que consiste na atitude ou doutrina filosófica que faz do homem o centro do mundo, alegando que este foi feito para ele e que o bem da humanidade é a causa final do resto das coisas (Naess, 1992).

[2]   Ecocêntrico – relativo ao ecocentrismo, que consiste na atitude ou doutrina filosófica que faz da natureza o centro do mundo (Naess, 1992).

do marketing a tentar sensibilizar os estrategistas das empresas para a importância dos estilos de vida e do consequente"nível de verde"dos consumidores, assinalando seu reflexo nas opções de compra (Hartmann e Ibanez, 2006).

Como assinalaram os autores anteriormente citados, a década de 1990 veio tentar clarificar, por meio de um incremento exponencial da pesquisa nessa área, quem é, afinal, o "consumidor verde".

Para Shrum *et al.* (1995), o consumidor verde é aquele cujo comportamento de compra é influenciado pelas suas preocupações ambientais. Ele preocupa-se não só com a compra e o processo de consumo dos bens, mas também com o processo produtivo, em termos dos recursos escassos consumidos, e com o uso dado aos desperdícios dos produtos (Zinkhan e Carlson, 1995). O consumidor verde é um indivíduo com um comportamento de compra mais sofisticado, que avalia os produtos e serviços considerando a responsabilidade ambiental dos produtores em paralelo com seu desempenho e preço (Ottman, 1997).

No marketing verde, o que parece determinar a vontade de comprar produtos amigos do ambiente, mais do que a demografia ou até que o nível de preocupação com o tema ambiental, são os sentimentos dos consumidores no que diz respeito a serem capazes de agir em relação a essas preocupações ou a terem poder de ação.

Os consumidores podem preocupar-se com um problema ecológico em particular e até ter tempo e capacidade monetária para agir, mas, se não sentirem que podem fazer a diferença, provavelmente não agirão.

Nesse sentido, o consumidor verde, tal como encarado na década de 1990, procura praticar um consumo sustentável, que pode ter interpretações diferentes, tanto na formulação do processo como no plano conceitual.

Na formulação do processo, alguns pesquisadores que seguem a linha de reflexão inicial sobre o consumo sustentável (Fisk, 1973) defendem que a transformação do consumo para o consumo sustentável, mais responsável, requer tanto uma nova atitude na ideologia de consumo, como uma nova organização social, o que implica um exame das necessidades e das consequências que sua satisfação produz nas sociedades industriais.

No plano conceitual, o International Institute for Sustainable Development considera que consumo sustentável é a utilização de bens e serviços que respondam às necessidades básicas e tragam melhor qualidade de vida, enquanto minimizam o uso de recursos naturais, materiais tóxicos, emissões de lixo e poluição para o ciclo de vida, para que não prejudiquem as necessidades das gerações futuras (McDonagh, 1998).

Assim, o consumidor verde era visto como alguém que partilhava valores ecológicos que se materializavam na compra de produtos que promoviam o consumo sustentável. Porém, torna-se hoje claro que os consumidores verdes ainda não são em número suficiente para a necessária transformação que o planeta requer e que não é fácil caracterizá-los (Hartmann e Ibanez, 2006).

2.1.2 O que sabemos

Os consumidores verdes são difíceis de definir demograficamente porque as preocupações ambientais são sentidas por populações com os mais variados perfis. Além disso, a recolha de informação sobre esses consumidores abrange temas muito diversos, como as alterações climáticas e o barulho dos cortadores de grama aos domingos de manhã.

Contudo, isso não impede que reflitamos sobre o perfil desses consumidores à luz de algumas dimensões retratadas em estudos internacionais feitos na segunda metade da década de 1990 e no final da primeira década do novo século.

Vamos primeiro ao estudo do final do século passado (Ottman, 1997):

Perfil demográfico dos compradores de produtos verdes

- Sexo feminino
- Entre 30 e 44 anos
- Com mais de US$ 50.000 de rendimento familiar
- Nível de educação superior
- Trabalho executivo ou profissional
- Pais de crianças com idades entre 0 e 17 anos
- Donas de casa com computadores pessoais

Fonte: Ottman (1997).

Uma segmentação dos consumidores realizada pelos organismos Roper Starch Worldwide e Green Gauge (1996) nos Estados Unidos da América definiu um intervalo de indivíduos que vai de 15% dos inquiridos (com elevada escolaridade, que afirmam estar dispostos a pagar mais ou esquecer certas conveniências de modo a assegurar um ambiente mais limpo) a 37% do público que não é ambientalista mas é mais indiferente do que antiecológico.

Os que se situam entre esses extremos são mais ou menos ecológicos, consideram-se ecológicos mas nem sempre agem em conformidade.

A Roper Starch Worldwide e a Green Gauge conseguiram definir cinco segmentos de consumidores:

Segmentos de consumidores

1. *True-Blue Greens*
2. *Greenback Greens*
3. *Sprouts*
4. *Grousers*
5. *Basic Browns*

Fonte: Ottman (1997).

1. *True-Blue Greens*

São os ambientalistas mais fervorosos; acreditam que podem fazer a diferença na proteção ambiental. São social e politicamente ativos, dedicam tempo e esforço à defesa do ambiente e tentam influenciar outros a fazerem o mesmo. São seis vezes mais suscetíveis a contribuir com dinheiro para grupos ambientalistas e têm quatro vezes mais probabilidade de condenar produtos não responsáveis em termos ecológicos.

São indivíduos na sua maioria do sexo feminino, de elevada escolaridade, e quase um terço tem empregos executivos ou profissionais.

2. *Greenback Greens*

São um pequeno grupo de consumidores dispostos a pagar até 22% mais pelos produtos verdes. Preocupam-se com o ambiente e apoiam o ambientalismo. No entanto, consideram-se sem tempo para alterar sua vida agitada. Apesar de geralmente não serem politicamente ativos, têm vontade e prazer em expressar as suas preocupações por meio do que consomem. A compra de produtos verdes é muito elevada nesse grupo.

O nível de escolaridade desses consumidores é alto, a idade média é de 37 anos; são predominantemente do sexo masculino, casados e têm, na maioria, empregos administrativos.

3. *Sprouts*

Têm vontade de aderir às atividades ambientais de tempos em tempos, mas só quando elas implicam pouco esforço. A reciclagem é sua atividade principal. Leem os rótulos, mas com menos frequência do que as pessoas pertencentes às categorias anteriores. Compram produtos ecológicos, mas só estão dispostos a pagar um adicional de 4%.

Mais de metade é do sexo feminino, de média etária elevada, com bom nível de escolaridade, e dois terços são casados. Com maior nível educacional, são a fonte de novos *Greenbacks* e *True-Blues*.

4. *Grousers*

Esses indivíduos não acreditam que podem desempenhar um papel significativo na proteção ambiental, pois pensam que essa responsabilidade é do governo e das grandes empresas. Geralmente confusos e mal informados, cumprem apenas a legislação que os afeta. Racionalizam as desculpas pelo seu comportamento não ecológico e alegam estar demasiado ocupados, argumentando que é difícil estar envolvido com os produtos verdes porque são muito mais caros do que os outros e não têm o mesmo desempenho. A sua postura é a de que o problema não é deles, por isso não veem razão para se preocuparem com tal assunto.

5. *Basic Browns*

Estão convencidos de que os problemas ambientais não são assim tão graves. Não apresentam desculpas para a sua inatividade, simplesmente não se interessam. Essa indiferença faz com que não percam tempo refletindo sobre seu comportamento no que diz respeito ao ambiente.

É o maior dos cinco grupos e tem o nível de escolaridade mais baixo.

> **Além das cinco categorizações, poder-se-á ainda dividir os ativistas verdes em três subcategorias:**
> - *Planet passionates*
> - *Health fanatics*
> - *Animal lovers*

Fonte: Ottman (1997).

Nem todos os ativistas verdes são iguais. É possível segmentá-los em três grupos, de acordo com diferentes temas e causas ambientais:

- *Planet passionates* – têm como objetivos proteger a vida selvagem e conservar o ambiente para fins recreativos; reciclam, evitam produtos muito embalados, limpam rios e baías e boicotam a madeira tropical.

- *Health fanatics* – concentram-se nas consequências para a saúde dos problemas ambientais. Frequentam lojas de alimentos naturais, compram água engarrafada e consomem alimentos biológicos.

- *Animal lovers* – protegem os direitos dos animais e adquirem produtos não testados em animais e provavelmente são vegetarianos.

Mais de dez anos decorridos dessa categorização dos consumidores verdes, e no auge da primeira grande recessão financeira e econômica deste novo século, o Boston Consulting Group publicou um estudo, através da sua filial alemã, em que contesta, entre outras conclusões, que o preço seja um fator determinante na escolha de produtos verdes.

Segundo o estudo dessa consultora, que vem monitorando e atualizando até hoje as oscilações de comportamento nesse domínio, atualmente cerca de 50% dos consumidores compram produtos verdes. Muitos deles orientam suas escolhas em função de dois parâmetros principais:

1. *a categoria de produto*

   e

2. *os benefícios percebidos*

A categoria de produtos em que o consumidor verde está mais propenso a pagar um acréscimo de preço da ordem dos 10% é a alimentar, dos ovos ao peixe e à carne, entre outros.

Os refrigeradores e as máquinas de lavar que sejam percebidos como mais amigos do ambiente também são uma categoria de produtos (*plug-in products*) em que o preço mais elevado não é obstáculo para os consumidores verdes. Nesse caso, a economia de consumo desses aparelhos e a consequente redução da conta de energia elétrica (poupança) são fatores motivadores determinantes.

Para 34% dos consumidores inquiridos, o principal obstáculo é a falta de informação credível sobre produtos verdes e suas alternativas, tendo 16% considerado que o número de opções de produtos verdes ainda é muito baixo.

Convém sublinhar que a caracterização do consumidor verde anteriormente citada é feita num contexto sociocultural completamente distinto do de Portugal, pelo que qualquer interpretação e/ou generalização devem ser cuidadosas. Portanto, torna-se necessário analisar essa realidade nesse país.

2.2 O CONSUMIDOR VERDE PORTUGUÊS NO SÉCULO XXI

Convém começar por dizer que, em Portugal, foi apenas nos anos 80 que os problemas ambientais e os movimentos ecologistas ganharam "músculo" para sensibilizar a opinião pública para os problemas do ambiente (Lima e Schmidt, 1996).

Como em outras áreas, o país assimila bem mas tardiamente as realidades que são geradas fora dele, pelo que não é de estranhar que essa consciência ecológica surgida nos anos 80 só recentemente tenha dado frutos em termos de pesquisa.

Assim, podemos afirmar que, em Portugal, foi apenas no século XXI que os pesquisadores na área do marketing começaram a apresentar estudos confiáveis sobre o consumidor verde.

São, fundamentalmente, estudos isolados relativos ao comportamento de reciclagem dos consumidores portugueses e a sua receptividade a campanhas de comunicação (por exemplo, Valle *et al.*, 2003; Reis *et al.*, 2002) e ao comportamento de compra de alimentos biológicos (Truninger, 2000). Esses estudos sobre reciclagem e compra de alimentos biológicos descrevem e salientam a falta de informação e de conhecimento dos consumidores portugueses sobre como adotar esses comportamentos. Os estudos sobre reciclagem ainda relacionam o comportamento dos consumidores e as suas necessidades de informação com as formas de comunicação a que estariam mais receptivos. (Schmidt, L. *et al.*, 2004).

O II Inquérito Nacional sobre "Os Portugueses e o Ambiente" de 2001, realizado pelo projeto Observa [Instituto Superior das Ciências do Trabalho e Empresa – Instituto Universitário de Lisboa (ICS[3]/ ISCTE-IUL)], foi o que proporcionou o melhor conjunto de informação sobre o consumidor verde.

Essa constatação prende-se com o fato de o estudo conseguir determinar a configuração das representações sociais, atitudes, opiniões e expectativas dos diferentes estratos da população portuguesa em relação à proteção do ambiente, conservação da natureza, ordenamento do território e outras áreas do foro ambiental que se colocam hoje no país.

Percepção Ambiental

- 37,4% dos portugueses consideram Portugal menos poluído do que os outros países europeus.
- 33% consideram o país igualmente poluído.
- 14,2% consideram o país mais poluído do que o resto da Europa. *Os portugueses tendem a perceber a degradação ambiental do país de forma progressivamente agravada, mas próxima dos níveis de poluição da Europa em geral.*

Satisfação Ambiental

Insatisfação com a qualidade de vida nas grandes cidades devido a:

- excesso de agitação e estresse – 69,3%
- poluição do ar, ruído e lixo – 57,6%
- criminalidade e falta de segurança – 48,2%

---

[3]   O Instituto de Ciências Sociais (ICS) da Universidade de Lisboa, Laboratório Associado FCT e parceiro do ISCTE-IUL, é uma instituição universitária consagrada à pesquisa e à formação avançada em ciências sociais.

Preocupação Ambiental

Problemas mais graves citados pelos portugueses:

- "um rio poluído" – 65,8%
- "queimadas em florestas" – 55,4%
- "maré negra" – 46,3%Outros:
- "lixeira a céu aberto" – 36,4%
- "esgoto desembocando na praia"– 35,9%
- "resíduos tóxicos derramados no solo" – 29%

Em termos individuais:

- 29% – poluição do ar
- 17,6% – poluição sonora
- 3,4% – problemas dos lixos

Resolução de Problemas Ambientais

Papel do Estado na resolução:

- 48% considera que o Estado não se ocupa suficientemente dos problemas ambientais
- 13,7% afirma que o Estado não se ocupa mesmo deles
- 25,4% refere que o Estado se ocupa dos problemas, mas não é eficaz

Apesar dessa avaliação crítica, as pessoas não dispensam o papel do Estado na intervenção e regulamentação das matérias ambientais; em particular, defendem ações:

- de proibição – 37,1%
- de apoio/incentivo – 32,1%
- pedagógicas – 28,6%
- de apoio ao poder local e cidadania – 14,7%

A maioria dos estudos identifica que são os portugueses do sexo feminino, jovens adultas, de elevado nível educacional e de maior rendimento que se enquadram melhor e que admitem refletir mais as suas preocupações ambientais nas escolhas de consumo que fazem.

Fonte: Observa 2001.

Mais recentemente (2005), Arminda do Paço apresenta uma identificação do consumidor verde português que vai ao encontro de muitos perfis definidos por diferentes pesquisadores internacionais (por exemplo, Diamantopolous *et al.*, 2003; Laroche *et al.*, 2001):

Perfil demográfico dos compradores de produtos verdes
- Sem diferenças relativas ao sexo feminino ou masculino
- Entre 18 e 34 anos (49%)
- Nível de escolaridade superior (51%)
- Trabalho executivo ou profissional (42%)
- Residentes em zonas urbanas (72%) do Centro (55%)

Fonte: Paço (2005).

A partir da pesquisa acima descrita, quer nos estudos sobre comportamentos ambientais específicos, quer em outros mais abrangentes (como o II Inquérito Nacional do Centro de Investigação Observa), que tentam identificar os consumidores verdes portugueses e definir seu perfil, poder-se-á facilmente encontrar alguns traços comuns.

Do cruzamento de diferentes variáveis (atitudinais, comportamentais, psicográficas) resultou, ainda, uma possibilidade de segmentação dos consumidores portugueses:

Segmentos de consumidores
- Grupo 1 – Os descomprometidos (36%)
- Grupo 2 – Os verdes ativos (35%)
- Grupo 3 – Os indefinidos (29%)

Fonte: Paço (2005).

São três grupos de elevada sensibilidade ambiental que procuram concretizar em comportamento de compra mas cujas características são diferentes e por vezes até contraditórias.

Os descomprometidos

Representam um segmento de consumidores com elevada preocupação ambiental, positivamente relacionada com o conhecimento sobre a temática, mas em que, cruzando essa informação com outros estudos, se verifica que o nível de conhecimento das problemáticas ambientais dos portugueses é muito reduzido.

- 18 aos 34 anos
- Elevado nível de escolaridade (secundário e superior)
- Empregados de serviços, do comércio, de setores administrativos e estudantes
- Residentes no norte e centro do país, em meios urbanos
- Atitudes:
  - Ativismo
  - Comportamento de compra verde
  - Reciclagem
  - Poupança de recursos
  - Predisposição para pagar mais
- Valores:
  - Individualismo
  - Estilo de vida com interação social intensa
  - Diversão/gozar a vida

Fonte: Paço (2005).

Os verdes ativos

Esse grupo sente que a eficiência ambiental percebida é importante e tenta transformá-la em comportamento de compra, pois até parece estar disposto a pagar mais pelos produtos amigos do ambiente apesar do elevado ceticismo revelado face às mensagens promocionais/publicitárias.

- Mulheres entre 25 e 34 e 45 e 54
- Escolaridade superior, profissões qualificadas
- Zona centro urbana
- Valores:
  - Orientação Homem-Natureza
  - Coletivismo

Fonte: Paço (2005).

Os indefinidos

Esse grupo é muito semelhante ao primeiro, embora pareça estar mais correlacionado com o ativismo ambiental.

- Escalões etários mais elevados
- Escolaridade mais baixa
- Empregados de serviços, do comércio e de setores administrativos, quadros médios e superiores, trabalhadores não qualificados e domésticas
- Residem no interior centro e norte do país
- São ativistas com posições negativas em relação ao ambiente
- Reciclam e são receptivos às mensagens publicitárias
- Têm pouco conhecimento sobre as questões ambientais
- São compradores impulsivos que valorizam as marcas
- Valores – iguais aos dos descomprometidos

Fonte: Paço (2005).

Apesar de parecer existir alguma uniformidade de resultados nos parcos estudos portugueses deste novo século, é necessário ter presente a grande discrepância existente nos estudos internacionais sobre o consumidor verde, questionando mesmo se existe uma relação direta entre atitude e comportamento verde.

Para além disso, convém recordar que os consumidores verdes, sejam eles portugueses ou de outra nacionalidade, não têm todos a mesma postura face às questões ambientais, sabendo-se que há diversas "tonalidades de verde" no seu comportamento.

Qual o tom de verde dos seus consumidores?

Quando o gestor de marketing pretender avaliar se os consumidores são "verde-escuro" ou "verde-claro", terá de estudar que tipo de comportamento verde é adotado. Este último pode ser categorizado em cinco grandes grupos de comportamento ambiental, a saber:

- Reciclagem – separação do lixo doméstico e sua colocação nos ecopontos.

- Reutilização de embalagens/produtos – utilização das embalagens ou produtos adquiridos com outro fim que não a intenção inicial que levou à sua aquisição.

- Economia de recursos – economia de água, energia ou outros recursos naturais com o objetivo da sua preservação.

- Comportamento de não poluição – consumo de produtos pouco nocivos para o ambiente (exemplo: detergentes).

- Consumo de alimentos biológicos – aquisição e consumo de produtos agrícolas de produção biológica ou de zona demarcadas.

Se os consumidores tiveram comportamentos que encaixem nessas cinco categorias, podem considerar-se verde-escuros ou verdes com "v" maiúsculo. Se adotarem apenas comportamentos de uma categoria, que geralmente é a de reciclagem ou a de economia de recursos, são verde-claros ou verdes com "v" minúsculo.

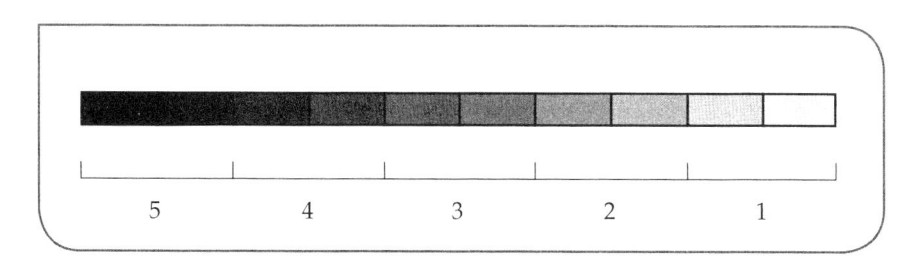

Assim, convém não só identificar a tonalidade do seu consumidor verde, como também perceber que existem sérias divergências acadêmicas sobre a correlação existente entre atitude e comportamento ambiental, pelo que se torna importante refletir sobre as causas desse fenômeno.

É de supor que parte das contradições resulta de um deficiente enquadramento teórico do problema em análise, pelo que se admite que o comportamento de consumo deriva de valores que os consumidores verdes têm presentes na escolha do produto/marca, como veremos mais à frente.

2.3 AS CONTRADIÇÕES EXISTENTES ENTRE ATITUDE E COMPORTAMENTO AMBIENTAL

Desde o início dos anos 70 até meados dos anos 90, os diferentes autores efetuaram sua pesquisa sobre o comportamento do consumidor verde com base nos modelos atitudinais de Fishbein e Ajzen (1975; 1980). Como tal, a tradição inicial da pesquisa estava dirigida para a definição das variáveis da preocupação ambiental de acordo com dimensões associadas a atitudes e comportamentos, analisando o relacionamento entre ambas.

Mas, apesar de vários estudos realizados na década de 1990 apontarem para a existência de uma relação direta entre atitude e comportamento ou intenções de comportamento ambiental (por exemplo, Schlegelmilch *et al.*, 1996; Grunert e Juhl, 1995; Schwepker e Cornwell, 1991), alguns pesquisadores começam a questionar a confiabilidade dessa relação.

Essa posição resulta do fato de terem encontrado, em contextos diversos da realidade em estudo, uma fraca correlação entre as atitudes e os reais comportamentos ambientais, sugerindo que estes não dependem apenas de atitude positiva face ao ambiente (veja-se Tarrant e Cordell, 1997; Zaman *et al.*, 1996; Krause, 1993). Krause (1993), por exemplo, observa que, embora possa existir uma atitude ecológica, os consumidores ponderam os custos associados a determinados comportamentos ambientais. É esse *trade-off* que determinará seu comportamento e, quanto mais difícil for a mudança que essa ação implica, menor a probabilidade de ser desempenhada. Poder-se-á afirmar que os consumidores têm um limite para aquilo que estão dispostos a fazer em prol do ambiente.

Começa, por isso, a ser posta em causa a convicção defendida por alguns pesquisadores (Schwepker e Cornwell, 1991) de que um maior conhecimento dos problemas ambientais poderia influenciar positivamente um comportamento mais verde (por exemplo, Zaman *et al.*, 1996; Grunert e Juhl, 1995; Krause, 1993). Em consequência, começa a admitir-se que a pesquisa falhou em determinar as causas que levavam ao comportamento "verde" (Kilbourne *et al.*, 1997). Alguns pesquisadores chegaram mesmo a demonstrar empiricamente que não existia qualquer correlação significativa entre atitudes positivas face ao ambiente e comportamentos "verdes" (Stern e Oskamp, 1997; Shrum *et al.*, 1995). Essa falta de consenso na comunidade científica deu origem a uma crescente convicção da inexistência de correlação assinalável entre atitude face ao ambiente e comportamento ambiental (Grunert-Beckmann e Kilbourne, 1997; Krause, 1993).

A principal conclusão a tirar das contradições resultantes dos diferentes estudos é que não se chegou a um claro consenso em relação às necessidades dos consumidores verdes, bem como à definição da metodologia mais correta para sua avaliação.

2.4 A PROCURA PELAS CAUSAS DAS CONTRADIÇÕES

2.4.1 A utilização de diferentes escalas

Várias justificações foram levantadas para a existência dessa aparente contradição. A utilização de diferentes escalas para medir a preocupação e o comportamento ambiental dos consumidores foi uma delas, em particular porque essas escalas não se revelaram equivalentes (Van Liere e Dunlap, 1981). A junção de vários aspectos ambientais numa só medida de preocupação ambiental não será aconselhável porque os indivíduos poderão ter diferentes níveis de preocupação ambiental e, por isso, comportarem-se em favor do ambiente em certas situações e em outras não (Kaiser, 1998; Van Liere e Dunlap, 1981). Certas atitudes podem estar associadas a determinados comportamentos mas, globalmente, os resultados serem diferentes (Balderjahn, 1988; Allen 1982).

2.4.2 A veracidade da informação recolhida

O processo quantitativo de recolha de informação também poderá justificar em parte esse hiato entre atitudes e comportamento ambiental porque os inquiridos poderão ter dado respostas socialmente desejáveis (ver, por exemplo, Roozen e De Pelsmacker, 1998; Banerjee, 1996; Zinkhan e Carlson, 1995; Krause, 1993).

2.4.3 O custo do comportamento ambiental

Os comportamentos em prol do ambiente têm impactos sociais a longo prazo difíceis de identificar e que envolvem esforço ou sacrifício imediatos por parte de quem os pratica. Como alguns pesquisadores salientam (Van Dam e Apeldorn, 1996; Krause, 1993), é natural que a ponderação entre custos e benefícios de desempenho ou não desse comportamento ambiental tenha determinado os resultados da pesquisa, na medida em que poderá ter condicionado os comportamentos.

Com idêntico raciocínio, Tarrant e Cordell (1997) e Guagnano *et al.* (1995) argumentam que existem fatores externos e circunstanciais que podem agravar ou diminuir os custos percebidos da adoção de comportamentos pró-ambientais, como a acessibilidade e o preço dos produtos verdes, ou mesmo incentivos a um comportamento ecologicamente responsável.

2.4.4 A não identificação de dimensões ambientais mais importantes

Face à inconsistência de resultados obtidos nos estudos efetuados até aqui, alguns acadêmicos argumentam que podem existir diferentes dimensões na preocupação ambiental que não foram consideradas e, por isso, haver necessidade de alargar o âmbito desses estudos de modo a incluir variáveis como valores, normas e influências sociais (Zaman *et al.*, 1996; Samdahl e Robertson, 1989; Barderjahn, 1988; Van Liere e Dunlap, 1981). Além disso, as práticas de marketing também eram discutíveis.

2.4.5 Práticas erradas de marketing verde

Na sequência das críticas dirigidas ao papel do marketing perante os problemas ambientais, alguns pesquisadores apontam razões para o falhanço dos produtos verdes na década de 1990, centrando essa análise em certas práticas de marketing que consideram erradas. Peattie e Crane (2005) identificaram cinco práticas que, a seu ver, levaram à falha do marketing verde durante essa década:

1. *Green spinning*: postura reativa com utilização de relações públicas para negar as críticas contra certas empresas;

2. *Green selling*: postura oportunista pela introdução de características verdes parciais ou mesmo falsas aos produtos já existentes;

3. *Green harvesting*: postura de entusiasmo face à problemática ambiental sempre que ela contribui para a redução de custos de produção (em termos de consumos energéticos, ineficiência nos *inputs* de materiais, redução de embalagem etc.);

4. *Entrepreneur marketing*: introdução de produtos verdes sem correspondência direta com as necessidades dos consumidores;

5. *Compliance marketing*: adaptação mínima à legislação com intenção de sobrevalorizar as credenciais ecológicas da empresa, não assumindo todas as virtualidades e exigências para além das tipificadas pela lei.

Essas práticas contribuíram para que o consumidor fosse desenvolvendo reservas quanto à eventual compra dos produtos considerados "verdes", como também alguma desconfiança em relação às "qualidades" desses produtos e credibilidade das empresas que os comercializavam. Como consequência dessa realidade, as vendas dos produtos verdes não estavam próximas do que tinha sido inicialmente previsto. Tal constatação, aliada às incongruências da pesquisa científica em relação ao "consumidor verde", leva a comunidade acadêmica a questionar o paradigma e a abordagem teórico-conceitual nessa área do conhecimento.

2.4.6 Paradigma e modelos teóricos não adequados

Como antes falamos, grande parte do estudo do comportamento do consumidor verde foi feito com base nos modelos atitudinais de Fishbein ou de Ajzen, nas três últimas décadas do século passado.

Nesse enquadramento teórico atitudinal, foram diversas as tentativas para melhorar a explicação do comportamento do consumidor verde, na linha de uma complexa postura motivacional, com as consequentes adaptações dos instrumentos de medida, das escalas que lhe servem de suporte e das abordagens estatísticas multivariadas com que foram trabalhados os dados.

As diversas contradições já assinaladas e os fracos resultados obtidos na explicação das motivações subjacentes ao comportamento do consumidor verde levaram alguns pesquisadores a admitir, na segunda metade da primeira década deste novo século, que o problema era não só epistemológico, mas também teórico e metodológico (Tadajewski e Wagner-Tsukamoto, 2006).

No plano epistemológico, considerava-se que uma abordagem positivista da realidade poderia distorcer a profundidade e a complexidade da análise motivacional do consumidor verde. Além disso, os enquadramentos teóricos de suporte, particularmente o atitudinal, com as suas manifestações metodológicas diversas e nem sempre sustentadas nas boas práticas da pesquisa, "roubavam" complexidade e profundidade para "distribuir" à "mão cheia" certezas cientificamente duvidosas.

Embora se possa admitir que a postura positivista e a teoria atitudinal foram importantes para perceber o consumidor verde, sabe-se hoje que não só o paradigma tem de ser repensado, como os enquadramentos teóricos de suporte a essa problemática têm de ser revistos se queremos captar as motivações mais profundas do consumo verde.

Isso só será possível se o paradigma de procura da "verdade" se aproximar mais de reflexões interpretativistas, que não recusam a triangulação. A partir dessa postura, a construção teórica, ou os enquadramentos teóricos de partida, têm de ter por referência os valores dos consumidores, as suas motivações e os benefícios emocionais que derivam das suas opções de compra de produtos verdes (Hartmann e Ibanez, 2006).

Assim, torna-se importante discorrer sobre a importância dos valores na melhoria da compreensão das opções de compra desse consumidor.

Os valores como elaboração cultural

Segundo Meglino e Ravlin (1998), os valores, no seu nível mais básico, podem diferenciar-se em dois tipos:

1 – O valor que um indivíduo atribui a um objeto ou resultado. Esses objetos ou resultados adquirem valor por meio da sua relação instrumental com outros objetos ou resultados que, por sua vez, são instrumentais para com outros objetos ou resultados. Esse tipo de valor é normalmente identificado como o valor "inerente a um objeto".

2 – O valor que é usado para descrever uma pessoa em oposição à atração ou repulsa face a objetos específicos. Esse valor é normalmente identificado como o valor "possuído por uma pessoa".

A origem de ambos é individual, pois os objetos ou resultados não possuem valor intrínseco, apenas o que lhes é atribuído pelos sujeitos (Meglino Ravlin, 1998). Daqui decorre que os valores possuídos por uma pessoa são assumidos como influência do valor que essa pessoa atribui a certos objetos ou resultados. Assim, uma maior compreensão dos valores detidos pelos indivíduos leva a uma maior compreensão do valor atribuído a objetos ou resultados. Rokeach (1973) ainda subdividiu esse valor "possuído por uma pessoa" em valores instrumentais ou terminais. Os 18 valores terminais são o estado final de existência que um indivíduo procura alcançar, de um modo autossuficiente. Os 18 valores instrumentais são modos de conduta que uma pessoa crê dever ter para atingir os valores terminais. Isso quer dizer que existe uma relação funcional entre esses dois tipos de valores, na medida em que os valores instrumentais descrevem comportamentos que facilitam a concretização dos valores terminais.

Segundo Tyler, as duas definições de valor mais populares são a de Kluckhohn e a de Rokeach:

> Kluckhohn – "O valor é uma concepção, explícita ou implícita, do desejável, característica de um indivíduo ou de um grupo, que influencia a seleção dos modos de atuação, meios e fins da ação." (Tyler, 2001, p. 12).

> Rokeach – "O valor é uma crença duradoura num determinado modo de conduta ou estado final de existência, pessoalmente ou socialmente preferível a um oposto modo de conduta ou estado final de existência." (Tyler, 2001, p. 12).

De acordo com vários autores (por exemplo, Meglino e Ravlin, 1998; Kamakura e Novak, 1992; Schwartz e Bilsky, 1987), uma das noções mais importantes na teoria dos valores humanos de Rokeach é a de que, uma vez aprendido, o valor torna-se parte de um sistema de valores em que ele é ordenado de acordo com a sua prioridade em relação a outros valores. Esse sistema de valores é uma ferramenta importante que o indivíduo utiliza para resolução de conflitos e tomada de decisões, pois muitas das situações na vida ativam mais de um valor e isso, habitualmente, implica um conflito entre eles. O indivíduo confia no seu sistema de valores para resolver o conflito de modo que sua autoestima possa ser mantida ou melhorada. Sendo um sistema de valores, deve fornecer uma compreensão mais completa das forças de motivação que guiam as crenças, atitudes e comportamentos dos indivíduos. O impacto dos valores pessoais nas atitudes e comportamentos pode ser avaliado de forma mais eficaz e confiável com informações sobre todo o sistema de valores pessoais, em vez de um só valor (Schwartz e Bilsky, 1987).

Daqui, salienta-se a característica de os valores serem influenciados pelas experiências pessoais e pela exposição às forças sociais (Meglino e Ravlin, 1998). Assim, os indivíduos aprendem por meios formais e informais a comportar-se de modo apropriado em seu círculo social. Inicialmente os valores são ensinados e aprendidos de forma isolada em relação a outros valores, de uma forma absoluta e organizada. Os diferentes indivíduos estão mais ou menos receptivos a essas influências sociais e estabelecem-se diferenças individuais nos valores. Essas diferenças individuais incluem a autoestima, o estilo cognitivo e as estruturas de atitudes específicas (Meglino e Ravlin, 1998). Outros autores (Feather, 1995, por exemplo) acrescentam que os valores são concebidos como estruturas abstratas que envolvem crenças que as pessoas têm sobre os meios desejáveis de se comportarem ou sobre estados finais desejáveis. Essas crenças transcendem situações e objetivos específicos e têm uma qualidade normativa, com a sua fonte nas necessidades humanas básicas e nas exigências sociais. Os valores aprendidos da cultura são usados como padrões e partilhados dentro de um grupo social homogêneo, sendo assimilados pelo processo duplo de sociabilização e aculturação. O sistema de valores toma a forma concreta de um conjunto de normas que regulam e ajudam a racionalização das crenças, atitudes e comportamentos que, de outro modo, seriam socialmente inaceitáveis.

Concluindo, os valores são representações cognitivas que expressam: *necessidades biológicas, requisitos sociais de interação e exigências sociais das instituições no indivíduo* (Schwartz e Bilsky, 1987).

Influências e mudanças de valores

Desde o final dos anos 70 um número cada vez maior de estudos reflete a importância do conceito "valor" nas várias áreas do comportamento do consumidor. Apesar de os valores serem relativamente estáveis (Kamakura e Novak, 1992), não são imutáveis, podendo mudar sob certas condições.

Alguns pesquisadores sublinharam a influência dos fatores psíquicos e sociais ao nível individual na alteração de valores (Joseph e Pras, 1997). Apontam-se como fatores influenciadores os individuais (a posição social do indivíduo, o nível de educação ou a idade, por exemplo) e os sociais, políticos e econômicos (incluindo fatores técnicos e ecológicos, como a urbanização, a industrialização, mudanças na população, no sistema econômico ou nas estruturas sociais). Esses grupos de fatores estão situados numa realidade multidimensional e interagem num processo complexo de troca de modo a construir novas combinações de valores (Joseph e Pras, 1997).

Tal como dito anteriormente, Rokeach (1973) já defendia que os valores são influenciados pela sociedade e instituições, mais concretamente pelas experiências pessoais e a exposição às forças sociais de pendor formal.

Segundo Joseph e Pras (1997), também Kmieciak dá atenção ao caráter evolutivo dos valores quando nota que eles são determinados cultural e socialmente e dinâmicos, centrados no "eu" e constituintes do "eu". Os valores organizam e acentuam as entradas do sistema pessoal (a percepção) e também regulam as saídas (comportamento). Assim, permitem um planejamento ativo e diretivo e uma orientação de comportamento por meio de diferentes situações. Para o indivíduo, a alteração de valores é um processo de ajustamento ativo e passivo, dependendo do grupo a que ele pertence. Essa adaptação costuma ter lugar ao mesmo tempo que as mudanças econômicas, tecnológicas, sociais e políticas (Joseph e Pras, 1997).

Balog e Cyba, de acordo com Joseph e Pras (1997), desenvolveram quatro dimensões principais entre as possíveis perspectivas teóricas para as mudanças dos valores: a esfera cultural, a esfera política, a visão ética e política do mundo do trabalho e sua evolução e o estudo das estruturas de personalidade.

Podemos concluir que, apesar da sua estabilidade e, mais concretamente, do sistema de valores que guiam as crenças, atitudes e comportamentos dos indivíduos, os valores evoluem de acordo com as características individuais e com o conhecimento do entorno sociocultural.

No entanto, esse conhecimento cultural tem de ser ativado. Em estudos sobre a tomada de decisão, uma forma de avaliar se ele é ativado e se influencia os valores pessoais é perguntando ao sujeito as razões das suas decisões. Dada a natureza abstrata dos valores humanos, alguma variância no sistema de valores pessoais pode ser explicada pela diferença na receptividade a essas fontes de influência (Proença, 2000).

A relação valores-atitude-comportamento

Homer e Kahle (1988) defendem que os valores são um tipo de cognição social que funciona para facilitar a adaptação do indivíduo ao ambiente. Os valores são cognições sociais abstratas que fornecem uma base, uma fundamentação, para as atitudes e comportamentos. Os valores são semelhantes às atitudes na medida em que ambos são adaptações abstratas que surgem continuamente da assimilação, acomodação, organização e integração da informação no ambiente, de modo a promover trocas com ele favoráveis à preservação do funcionamento ótimo (Kahle, 1983). No entanto, e porque os valores são a mais abstrata das cognições sociais, eles refletem as características mais básicas de adaptação. Essas abstrações servem de protótipos a partir dos quais as atitudes e comportamentos são criados.

As cognições, como abstrações que guiam o comportamento, ajudam a decidir em que situações da vida devem participar e como agir. Assim, os valores que os indivíduos detêm são considerados os de maior influência no comportamento humano (Pitts e Woodside, 1985).

Ditcher (1985) desde cedo assumiu que os valores têm de ser considerados precedentes e definidores das atitudes. O valor refere-se a uma só crença que transcende qualquer objeto, em contraste com a atitude, que se refere a crenças relativas a um objeto ou situação específica (Munson, 1985). Enquanto um indivíduo pode ter muitas atitudes diferentes para com situações ou objetos específicos, os valores são em número mais reduzido.

Feather (1995) sugere que os valores são em menor número do que as atitudes e mais estáveis. Durgee *et al.* (1996) também defendem que não só os valores são mais estáveis do que as atitudes como são mais importantes na influência do comportamento.

Sendo os valores estados finais desejáveis que quando alcançados ou atualizados dentro de um contexto cultural específico fornecem a base para mais atitudes específicas e comportamentos (Kahle, Rose e Shoham, 2000), poder-se-á afirmar que o exame dos valores dá azo a uma análise mais significativa e uma interpretação mais sólida das motivações que estruturam as atitudes e comportamentos.

É por isso possível afirmar que, em determinada situação, a influência deve fluir teoricamente dos valores abstratos para atitudes, e destas para comportamentos específicos (Homer e Kahle, 1988). A tal sequência chama-se hierarquia valor-atitude-comportamento. Vários estudos têm examinado a ligação entre valores, atitudes e comportamentos. Numerosas correlações atitudinais e comportamentais têm sido descritas e os valores têm sido cada vez mais incorporados numa teia que permite a compreensão de atitudes, opiniões e estilos de vida (Kahle, Rose e Shoham, 2000).

Argumentos teóricos sugerindo que os valores têm uma influência causal nos comportamentos subsequentes foram apresentados por muitos, incluindo Williams (1979). De acordo com Homer e Kahle (1988), os valores total e explicitamente conceitualizados tornam-se critérios de juízo de valor, de preferências e escolhas. Mesmo os valores implícitos e irrefletidos funcionam como se fossem a base de decisão dos comportamentos. Mais, as seleções atuais de comportamento resultam de motivações concretas, em situações específicas, que são em parte determinadas por crenças e valores anteriores do indivíduo.

Segundo McCarthy e Shrum (1993), alguns estudos que têm pesquisado a inter-relação entre valores, atitudes e comportamento, em particular os valores que revelaram ter efeitos indiretos no comportamento, demonstraram que os valores influenciam as atitudes e estas, por sua vez, influenciam o comportamento. No entanto, não foram observados efeitos diretos entre valores e comportamento. Esses resultados têm duas implicações importantes: o fato de não haver relação direta entre valores e comportamento não indica necessariamente a ausência de qualquer efeito indireto dos valores por meio das atitudes; e o fato de os resultados que observaram efeitos diretos entre valores e comportamentos poderem ser enganadores, porque se as atitudes são consideradas na relação valores-comportamento o efeito direto pode desaparecer e só o efeito indireto entre valores e comportamento se evidenciar.

A falta de análise causal é provavelmente mais uma função do desenho da pesquisa e de limitações estatísticas do que do enquadramento teórico da investigação (Homer e Kahle, 1988).

Embora ainda seja escassa a evidência de que os valores influenciam os comportamentos, foi demonstrado que diferenças nos valores estão ligadas a atitudes e comportamento também diferentes.

Em meados da década de 1990, verifica-se uma expansão do âmbito da pesquisa para aspectos relacionados com as crenças, a cultura e os valores sociais, como forma de inclusão de novas dimensões ambientais na investigação sobre a problemática do comportamento ambiental. A essa altura, sugere-se a necessidade de as empresas incorporarem as questões relacionadas com o desenvolvimento sustentável (Kilbourne e Beckmann, 1998), sendo o papel do marketing perante os problemas ambientais fortemente criticado pelas suas práticas.

2.5 UM NOVO PROCESSO DE DECISÃO DE COMPRA DO CONSUMIDOR VERDE

Os novos estudos sobre o comportamento de consumo ambiental passam a abranger os aspectos relacionados com as crenças e valores face ao ambiente, os fatores culturais e sociais, relacionando estes temas com as atitudes e comportamentos ambientais. No entanto, as relações identificadas entre atitudes e comportamentos ambientais continuam a demonstrar alguma inconsistência.

É nesse contexto que surge o "Modelo Causal de Preocupação Ambiental" de Stern, Dietz e Guagnano (1995). Esse novo modelo apresenta uma sequência causal com início no nível institucional da sociedade (referido como o Paradigma Social Dominante[4]), prosseguindo pelo sistema de valores, crenças ambientais gerais, crenças ambientais específicas, intenções de comportamento, até o comportamento.

O Modelo Causal de Preocupação Ambiental representa um alargamento da abordagem do marketing aos aspectos ambientais. Numa perspectiva micro, a pesquisa de comportamento do consumidor tem como objetivo analisar os efeitos de várias combinações do marketing *mix* no mercado e na estratégia de marketing. Pelo contrário, numa perspectiva macro, o marketing, tendo presente a pesquisa do comportamento do consumidor, passa a estudar as consequências das escolhas dos consumidores e das atividades de marketing no bem-estar individual e no contexto sociocultural (Belk *et al.*, 1996).

O que tinha sido feito, na maioria dos estudos, era a consideração isolada dos níveis inferiores de sequência causal de preocupação ambiental, insuficiente para compreender as causas subjacentes à preocupação ambiental (Kilbourne, 1999; Beckmann *et al.*, 1998, 1997; Beckmann e Kilbourne, 1997; Kilbourne *et al.*, 1997). Segundo esses

---

[4] Segundo Kilbourne *et al.* (1997) e Kilbourne (1999), Pirages e Ehrilch já definiam o Paradigma Social Dominante como um conjunto de normas, crenças, valores e hábitos que formam a visão do mundo existente na cultura.

pesquisadores, a análise isolada das atitudes, intenções de comportamento e a consequente tentativa de mudança exigida pelos resultados dos estudos, num sentido de alcance da sustentabilidade, poderá transmitir aos indivíduos e organizações sinais contraditórios em relação ao ambiente e ao seu impacto nele.

Como Wildavsky (1987) afirmou, as preferências dos consumidores são formadas em esquemas institucionais e são influenciadas culturalmente pelas interações sociais. Daqui decorre que o consumidor é um produto do contexto sociocultural corrente. Assim, os autores que sustentam essa linha de pesquisa defendem a transformação das instituições políticas e culturais relevantes de modo a harmonizá-las com ecossistemas e valores que instiguem os indivíduos a serem compatíveis com os ideais ecológicos. Da mesma forma, Kilbourne e Alsem (1997) afirmam que "são os valores crenças instituições, hábitos etc. que, coletivamente, proporcionam as lentes sociais através das quais os indivíduos e grupos interpretam o seu mundo social" (Kilbourne e Alsem, 1997, p. 1806). Sendo assim, é preciso aumentar a consciência das relações entre as instituições tecnológicas, políticas e econômicas e a deterioração do ambiente (Kilbourne *et al.*, 1997a).

No início deste século, as pesquisas sobre o consumidor verde parecem seguir uma nova tendência, acentuando a existência de um "paradoxo verde" (McCarhty e Shrum, 2001, por exemplo). Isso significa que as preocupações ambientais não se transformam em comportamentos de consumo ecológicos.

Associadas a essa ideia surgem ainda referências à importância e influência da informação facultada pelo Estado ou por organizações produtoras de bens ambientais de modo a combater o comportamento individualista e a permitir a transmutação dos valores ambientais em comportamento ambiental (Bhate, 2002; Soler e Sanchez, 2002; por exemplo).

Dito de outra forma, a existência de um "paradoxo verde" remete-nos ao aprofundamento da relação que se estabelece entre fontes de informação e valores e destes com atitudes pró-ambientais.

Integrando essas reflexões e análises a um modelo de tomada de decisão de compra, podemos obter um processo complexo de escolha e avaliação de bens que permita refletir as preocupações ambientais dos consumidores desde a sua origem (valores específicos de proteção e preservação do ambiente) até o comportamento efetivo de compra.

Essa representação do processo de decisão de compra do consumidor verde permite salientar as duas barreiras que eventualmente se apresentam até a aquisição da marca.

Figura 1 Processo de decisão de compra do consumidor "verde"

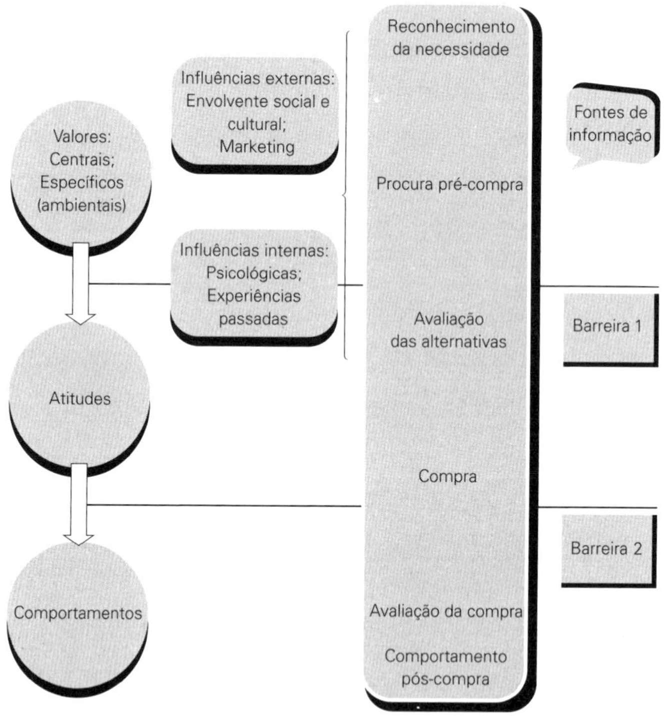

Barreira 1: Motivação/incentivo (é, no fundo, uma necessidade secundária ao produto verde)
Dificuldades de diferenciação dos produtos
Necessidades de informação
Apatia na procura de informação
Falta de conhecimento sobre a problemática ambiental
Ceticismo e confusão
Falta de eficiência percebida
Responsabilização dos outros
Barreira 2: Preço
Falta de hábito
Acessibilidade

Com base no modelo de decisão de compra do consumidor verde é possível afirmar que o consumidor, ao reconhecer a sua necessidade e integrando as suas influências internas e externas, orientando o seu comportamento pelos valores em que crê e de acordo com as informações que tem disponíveis e/ou que procura sobre os produtos que permitem a satisfação da necessidade reconhecida, consegue efetuar uma avaliação de alternativas possíveis e acessíveis e decidir a sua compra.

Todo esse processo, facilmente descrito, é extremamente complexo e pode demorar mais ou menos tempo, de acordo com o grau de experiência e conhecimento do produto que o consumidor tenha. E, como estamos falando de produtos verdes, devemos analisar com mais cuidado os diferentes tipos de necessidade desse consumidor e as barreiras que tem de superar em sua tomada de decisão de compra.

2.6 CONSUMO VERDE: NECESSIDADES E BARREIRAS

2.6.1 Os valores ambientais

Uma das principais barreiras que condiciona o consumo verde é o fato de os valores ambientais detidos pelos indivíduos não serem considerados valores centrais que surgiram de comportamentos de consumo. Assim, não existe qualquer pressão social ou consciência cívica para articular a sensibilidade ambiental com o consumo verde. Essa observação será mais bem compreendida se tivermos em conta que os valores são vistos como "a ligação entre o indivíduo e a sociedade porque os valores ajudam a conhecer e compreender o mundo interpessoal e guiam a adaptação individual às condições que o envolvem"(Grunert e Muller, 1996, p. 170).

Na linha desse raciocínio, podemos afirmar que esses requisitos sociais envolvem um segundo nível de valores mais específicos, cujas crenças associadas não são tão fortes como no caso dos valores gerais, também designados valores terminais por Rokeach (1973).

Esse segundo nível de valores reflete a crença adquirida pelas pessoas cujo comportamento de consumo é sensível à problemática ambiental, por meio das experiências em contextos sociais específicos. O mesmo raciocínio é verdadeiro para domínios de atividade em que o comportamento não pode ser compreendido ou previsto com eficácia exceto se formos capazes de estabelecer a ligação entre o nível de consequência/benefício e o nível do atributo do produto e os valores de domínio específico.

Assumimos, portanto, que a aquisição de valores representa um processo sociocultural e que as diferentes orientações de valores levam a variações nas preferências de produtos/marcas. Como resultado, este sistema de valores é suportado por diferentes fontes externas de informação, relevantes para a compreensão de como as pessoas processam esses dados e a sua influência na formulação de comportamentos pró-ambientais.

2.6.2 Os estilos de vida e as preocupações ambientais

A atualidade e a urgência sentidas hoje em relação ao bem-estar do planeta levam os consumidores a agir de forma pró-ambiental em diferentes áreas de consumo. A probabilidade de crescimento acelerado desse estilo de vida devido ao maior fluxo de informação sobre essa problemática faz com que o consumidor encare com maior seriedade a preservação e a proteção da natureza. Contudo, assiste-se ainda a um comportamento de consumo complexo e contraditório que depende do seu contexto social e cultural e da atribuição de prioridade a essas matérias na definição de seu estilo de vida.

Existem diferentes razões que os consumidores portugueses alegam para o comportamento não ambiental que são de teor mais corrente do que as questões culturais e educacionais das quais derivam diretamente os valores centrais e específicos que cada um de nós detém.

Geralmente, a resistência ao consumo ecológico prende-se mais com o comodismo, o egoísmo e a falta de incentivos e de condições para promover um estilo de vida mais amigo do ambiente. Também se torna relevante o isolamento e a frustração que os consumidores sentem quando praticam ações em favor do ambiente e não são imitados nesse estilo de vida pró-ambiental. Por isso defendem que o Estado deveria responsabilizar todos aqueles cujos estilos de vida não concorram para um mundo ecologicamente mais saudável.

As empresas também são apontadas como tendo uma deficiente postura pró-ambiental. O consumidor com um estilo de vida ecologicamente responsável sente necessidade de controlar a forma como os produtos são fabricados, não se preocupando apenas com as características ambientais que eles incorporam. Desse modo, analisam-nos cuidadosamente à luz das categorias ambientais a que dão importância, para melhor optarem pelas empresas e produtos em que confiam, boicotando as que suspeitam que poluem. Um pequeno grupo de consumidores com um estilo de vida pró-ambiental procura já uma nova forma de vida mais simples, em que o nível de consumo é mais baixo, dando-se maior importância à qualidade de vida, à convivência familiar e aos amigos.

As compras desse tipo de consumidores são ainda condicionadas pela necessidade que sentem em evitar problemas ambientais, alterando por isso o seu comportamento efetivo. Quando por algum motivo não podem alterar comportamentos, procuram comportar-se de forma compensatória.

2.6.3 A necessidade de informação sobre os produtos verdes

A pesquisa científica sobre o comportamento do consumidor verde português afirma claramente que esse tipo de consumidor tem grandes lacunas de informação que o impedem de diferenciar os produtos verdes dos não verdes e que, por isso, são uma barreira à decisão de compra. Por outro lado, a passividade cultural dos portugueses leva-os a esperar que a informação e o conhecimento cheguem até eles, o que de alguma forma corrobora os resultados estatísticos das pesquisas efetuadas (por exemplo, Paiva, 2004). A falta de tempo é outro fator que sobressai nas pesquisas e que impede os consumidores de irem à procura dessa informação que, aliada a alguma desinformação existente, os desmotiva e está na origem da atitude negativa identificada no desempenho de comportamentos ambientais, como foi referido por Bhate (2002) e Soler e Sanchez (2002).

As fontes de informação consideradas mais credíveis foram as dos especialistas/pesquisadores e das associações ambientalistas, embora tivessem pouca expressão. Os portugueses preferem receber informação por meio da mídia e do envio regular de informação para casa, o que leva a concluir passividade na procura de informação (Paiva, 2004; Observa, 2001).

As fontes de informação ambiental preferidas dos portugueses foram:

1 – Mídia:
Televisão – 89,2%
Rádio – 51,6%
Jornais e revistas – 56,6%
Internet – 11%

2 – Pessoais:
Amigos/família – 44,7%

3 – Pedagógicas:
Escola – 25,9%
Emprego/formação – 13,2%

4 – Oficiais:
Autarquias – 16,4%
Ministério do Ambiente – 14,3%
Comunidade Europeia – 10,1%

5 – Empresariais:
Empresas – 6%

6 – Civis:
Associações ambientalistas – 14, 7%
Associações de consumidores – 8%
Especialistas/pesquisadores – 9,8%
Médicos – 10,8%
Partidos políticos – 7,5%

Fonte: Observa (2001).

2.7 AS ESTRATÉGIAS DE COMPRA DO CONSUMIDOR VERDE

A percepção sobre a qualidade do produto continua a influenciar muito as decisões de compra. Por isso, o consumidor verde procura mecanismos que facilitem a sua decisão de compra, não deixando totalmente de avaliar as alternativas disponíveis, definindo estratégias de compra que possibilitem essa operacionalização da decisão de modo mais rápido e eficaz.

Figura 2 Psicologia do consumidor verde e estratégias de compra

Necessidades	Estratégias de compra
Informação	Ler rótulos
Controle	Tomar medidas preventivas Trocar de marcas
Fazer a diferença/aliviar a culpa	Comprar bens alternativos
Manter estilo de vida	Comprar alternativas que não mudem

Fonte: Ottman (1997).

As estratégias que o consumidor utiliza são informações importantes para as empresas conhecerem e saberem qual a melhor forma de se comunicar com o seu grupo-alvo. Não é só por meio dessas questões que as empresas tentam informar de modo a satisfazer as preocupações ambientais dos consumidores, mas esse é um passo para a integração das temáticas ambientais na gestão das empresas, principalmente na gestão de marketing.

Na base desse raciocínio germina a convicção de que as pequenas e médias empresas portuguesas serão capazes de perceber as novas exigências dos consumidores verdes e a evolução do marketing verde. Mas convém desde já assinalar que não basta uma integração parcial das preocupações ambientais em determinado departamento da empresa para satisfazer um novo tipo de consumidor, mais atento às questões ambientais e ao trabalho da empresa, para as melhorar. Torna-se necessário que os nossos empresários saibam compreender que é a empresa, no seu todo, que tem de se transformar de modo a conseguir ser uma empresa realmente "verde".

A perspectiva da empresa verde

Consumidores e empresas são indissociáveis e se encontram na sã concorrência do mercado livre, pelo que se justifica que as últimas estejam atentas às novas tendências e preocupações dos primeiros. Assim, o passo inicial para que esse "encontro" tenha um final feliz, é tentar perceber como tem evoluído, no plano internacional, o designado "marketing verde".

Anima-nos a convicção de que, uma vez compreendidos os mecanismos que antecederam essa mudança tão profunda das necessidades dos consumidores, os empresários sejam capazes de reagir, em tempo oportuno, às novas "estratégias verdes" dos seus concorrentes internacionais.

Comecemos, então, por sintetizar as três fases de evolução do marketing verde, para posterior aprofundamento das causas subjacentes a esse conceito, e, num momento seguinte, desenhemos as estratégias de marketing verde que poderão conduzir a melhores resultados para a empresa e para a sociedade em que ela se insere.

Considerando inicialmente que o marketing verde se resume à promoção de um produto baseado em sua *performance* de melhoria ambiental, na linha do que foi defendido por Charter e Polonsky (1999), pode-se afirmar que nos finais da década de 1980 se inicia a primeira fase do marketing verde, quando a indústria começa a produzir artigos "amigos do ambiente".

Como dito anteriormente, a segunda fase do marketing verde surge em meados da década de 1990, quando a indústria se apercebe, com muita desilusão e alguma inquietação, de que os consumidores nem sempre transformam as suas preocupações ambientais em compras de produtos amigos do ambiente.

Nessa fase, começa a ser nítida a preocupação de melhor estudar as necessidades e desejos dos consumidores verdes, tentando perceber as razões subjacentes à não existência de uma forte correlação entre atitudes positivas face ao ambiente e compra de produtos amigos do ambiente.

Torna-se então nítido para as empresas mais atentas aos estudos acadêmicos sobre a problemática ambiental que o consumidor verde é aquele que:

> [...] evita produtos que podem colocar em risco a saúde do consumidor e a de outros, que causem danos significativos ao ambiente durante a sua manufatura, uso ou eliminação, requeiram excessiva utilização de energia, causem desperdício desnecessário, usem materiais provenientes de espécies ou hábitats ameaçados. (Strong, 1996, p. 5)

Esse novo consumidor verde não só está atento aos produtos como também é muito exigente quanto às práticas empresariais e seu reflexo no ambiente, o que implica uma maior responsabilidade social por parte das empresas (Gurau e Ranchhod, 2005). Assim, podemos afirmar que o consumidor verde de meados da década de 1990 já evoluiu de um "consumo verde" para um "consumo ético". Isso significa que o consumidor verde alargou o seu leque de preocupações, recusando a compra de produtos que na sua gênese incorporem mão de obra infantil ou mão de obra com salários baixos para um padrão mínimo de subsistência digna, com violação dos direitos humanos e a utilização de animais em testes de produtos (Uusitalo e Oksanen, 2004).

Não é, pois, de estranhar que nos finais da década de 1990 a comunidade acadêmica, a par das evoluções e novas tendências de consumo, comece a chamar a atenção para a importância de um "marketing sustentável" que leve em conta no desenvolvimento dos produtos uma nova trilogia de interesses envolvendo os consumidores/clientes, o ambiente social e o ambiente natural (Charter e Polonsky, 1999). O marketing verde entra assim numa terceira fase no dealbar do século XXI, em que as empresas se vêem confrontadas não só com uma acrescida responsabilidade social, com consumidores verdes mais conscientes e informados, mas também com exigências legais e controle de atividades produtivas que requerem uma nova mentalidade empresarial, acompanhada de uma profunda evolução tecnológica (Ottman, 2007).

3.1 O MARKETING VERDE

A procura pela integração das preocupações ambientais com a responsabilidade social nas empresas tem passado por várias etapas e processos distintos. Para melhor os compreender é necessário primeiro entender o que se considera desenvolvimento empresarial sustentável e de que forma o marketing tem reagido e evoluído de modo a alcançar esse objetivo de sustentabilidade.

3.1.1 Do desenvolvimento sustentável ao marketing sustentável

No passado, considerava-se a criação de organizações ecológicas e sustentáveis um problema secundário à criação de empresas eficientes e eficazes. Atualmente assiste-se a um esforço para transportar os princípios da ecologia diretamente para diferentes subdomínios teóricos, como a liderança, a aprendizagem organizacional e o desenho organizacional. Alguns pensadores do desenvolvimento empresarial vêm traçando as suas teorias com conceitos ecológicos, como sustentabilidade e cooperação (Jennings e Zandbergen, 1995).

Existe, hoje, um esforço na transferência da definição de sustentabilidade para o nível da eficácia das organizações individuais, sendo que as organizações ecológicas e sustentáveis inseridas no meio econômico e ambiental serão, no longo prazo, as únicas que poderão sobreviver.

O desenvolvimento sustentável foi um conceito originalmente popularizado em 1987, no relatório da World Commission on Environment e Development, onde se defendia que a prosperidade futura dependia da preservação dos recursos naturais. Tal prosperidade requeria a articulação entre a atividade humana e a capacidade da natureza de se renovar. Em outras palavras, essa ideia refere-se ao desenvolvimento que vai ao encontro das necessidades do presente sem comprometer o direito das gerações futuras à sustentabilidade e à preservação do meio ambiente (Lozada e Mintu-Wimsatt, 1996).

Essa definição, apesar de ser a mais aceita, tem sido criticada por defender dois objetivos aparentemente inconciliáveis (desenvolvimento econômico e preservação dos recursos), por estar desligada da ecologia natural e por lhe faltarem objetivos operacionais e linhas de ação (Jennings e Zandbergen, 1995). A sustentabilidade é alcançada, para Jennings e Zandbergen (1995), quando a extração de recursos do sistema ecológico ocorre dentro dos limites do recurso base e quando a transferência de desperdícios dos componentes físicos não excede a capacidade de assimilação de cada ecossistema.

De acordo com Lozada e Mintu-Wimsatt (1996), alguns autores defendem que os ideais de desenvolvimento sustentável não são os únicos métodos de "esverdear" as atividades empresariais internacionais. Defendem, ainda, que no conteúdo do relatório da World Commission está uma perspectiva ecológica importante quanto à preservação, proteção e conservação do nosso ambiente físico ou natural. Essa perspectiva ecológica não foca somente os sistemas biológicos, mas também explica como o ecossistema interage com os sistemas sociais, técnicos, humanos e econômicos (Gray, 1992; Lovelock, 1988). Assim, de um ponto de vista ecológico, a sustentabilidade requer que as sociedades satisfaçam às necessidades humanas, não só aumentando o potencial produtivo, mas também assegurando a igualdade de oportunidades para todos. Adicionalmente, todos os padrões de consumo têm de ser reavaliados de modo a levarem em conta a sustentabilidade (Lozada e Mintu-Wimsatt, 1996).

A questão da sustentabilidade ambiental é encarada por Iyer (1999) como multilateral e é definida como um problema institucional, não só por dar reconhecimento explícito ao desenho dos mecanismos sociais apropriados para regulamentar a geração, como por sua implementação ser crucial para desafiar e mudar as atitudes e valores que ainda prevalecem em relação à natureza e ao ambiente. Por isso, Kilbourne *et al.* (1997b) defende que esse tipo de orientação ecocêntrica não é alcançável devido ao paradigma social dominante em que as empresas existem. Os valores antropocêntricos das empresas não consideram que a natureza tenha importância fundamental nos seus valores organizacionais.

3.1.2 A mudança de paradigma

A necessidade de examinar a crise ambiental como uma crise de paradigmas foi defendida por Pirages e Ehrilch (1974), de acordo com Kilbourne (1999) e Kilbourne *et al.*, (1997a, 1997b). Esses autores usaram o termo "paradigma social dominante" descrevendo-o como "uma coletânea de normas, crenças, valores hábitos etc. que formam a visão do mundo existente na cultura […]" (Kilbourne *et al.* 1997b, p. 4).

Cotgrove (1982) sugere ainda que um paradigma é dominante quando é defendido por grupos prevalecentes, que o usam e legitimam, e justifica as instituições existentes, tornando-se o motor da ação social e política pelo grupo e funcionando como ideologia.

Embora haja alguma inconsistência no uso do termo paradigma e existam diferentes visões do que constitui um paradigma, a sua origem não traz dúvidas. O paradigma social dominante das sociedades ocidentais surgiu na época do Iluminismo e foi a base da análise social e científica desde então (Kilbourne, 1999).

O paradigma social dominante, nas sociedades industriais ocidentais, serve de base ao conceito de qualidade de vida e o justifica. O paradigma manifesta-se por meio da ideologia do consumo que defende que o aumento do bem-estar material é a base da qualidade de vida. Mas o desejo do aumento constante do consumo pode, na realidade, diminuir a qualidade de vida em vez de melhorá-la, além de prejudicar o ambiente (Kilbourne *et al.*, 1997a, 1997b).

A crise ecológica teve origem em fatores considerados positivos, em problemas que eram função da aceleração do consumo em nível mundial e que eram o objetivo do desenvolvimento científico e tecnológico, já desde o século VII (Kilbourne, 1995, 1999). Mobilizar forças de mudança para transformar um "bem cultural" tem sido problemático porque o "bem" é definido dentro do paradigma social (Kilbourne, 1999).

A racionalidade do paradigma social dominante está envolvida numa visão particular do papel do ser humano na vida. Engloba uma série de relações sociais consistentes com essas premissas. Os interesses e necessidades do indivíduo não são independentes da sua condição histórica e até são determinados por ela. Como resultado, qualquer concepção de competição, tal como o "Novo Paradigma Ambiental", proposto por Dunlap e Van Liere (1978), deve estabelecer a sua superioridade expondo a natureza ideológica do paradigma social dominante como realidade existente.

Figura 3 Do paradigma social dominante para o novo paradigma ambiental

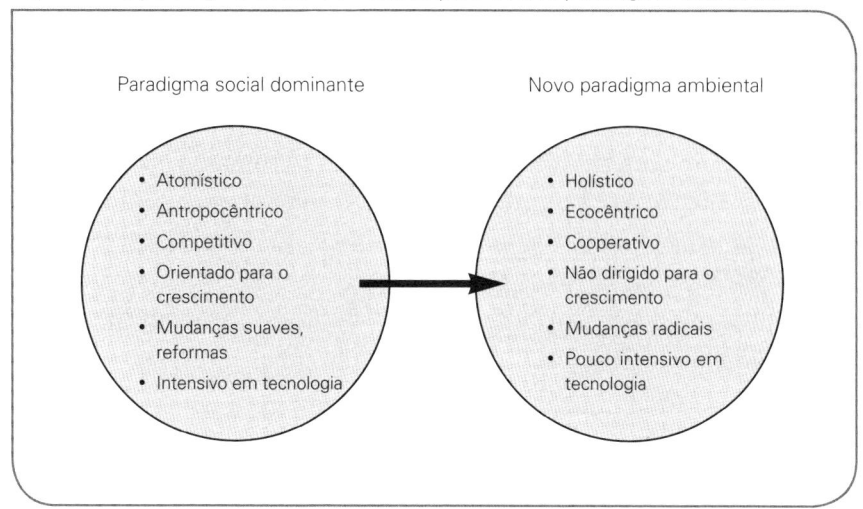

Fonte: Adaptada de Kilbourne (1999).

De acordo com Kilbourne (1999), a natureza multidisciplinar do marketing permite-lhe ser o único no domínio da atividade empresarial capaz de alargar as margens de um paradigma concorrente. Ao considerar o marketing a grande fonte de disciplinas inter-relacionadas da gestão, este autor pode estruturar o contexto do debate desafiando as premissas do paradigma social dominante e expondo um novo *status quo* ambiental (Kilbourne, 1999).

Figura 4 Fusão do paradigma social dominante com o novo paradigma ambiental

- Relação humana/natureza
- Fraco antropocentrismo
- Interdependência global
- Crescimento diferenciado
- Democracia discursiva
- Tecnologia apropriada

Fonte: Adaptada de Kilbourne (1999).

Esses gestores e disciplinas terão, pois, a capacidade de identificar um subgrupo de características que cobrem e ultrapassam os extremos do paradigma social dominante e do novo paradigma ambiental, indicando uma área de fusão, mesmo que pequena (Kilbourne, 1999).

Criam, assim, a base de integração e implementação dessa problemática na realidade empresarial. Dessa forma, procuram alcançar o desenvolvimento sustentável numa perspectiva próxima do ecocentrismo.

3.1.3 Adaptação empresarial ao novo paradigma

Segundo Iyer (1999), a premissa base das perspectivas correntes na responsabilidade ambiental das organizações e temas ambientais no marketing é a noção de que o crescimento econômico é possível dentro de limites ecologicamente sustentáveis. Argumentando que os recursos do planeta são finitos, os defensores do desenvolvimento sustentável afirmam que os padrões e as perspectivas de crescimento econômico (e também a sua avaliação) anteriormente usados têm agora de ser postos de lado. Deve-se adotar novos fins econômicos, menos intensivos no uso de recursos.

A resposta do mundo empresarial a esse tipo de sustentabilidade tem sido o reformular do problema ambiental para que faça sentido no contexto dos negócios. A boa política ambiental da empresa contribui para a vantagem competitiva e aumento da rentabilidade e, assim, para o desenvolvimento da organização. A ênfase é posta na ecoeficiência, ou seja, na maximização do valor adicional (mais-valia) com o menor uso de recursos e menor poluição (Iyer, 1999).

De acordo com Wasik (1996), os teóricos organizacionais com preocupações ambientais têm modificado os modelos de estratégia organizacional de modo a incluir as pressões ambientais. Dessa forma criam organizações mais proativas, uma vez que, na sua opinião, estas são as mais sustentáveis. No entanto, os gestores devem ter em conta que a implementação de tais estratégias implica não só alterações de políticas e procedimentos mas, essencialmente, da cultura empresarial, de forma a facilitar a implementação desses programas ambientais (Ottman, 1997; Lozada e Mintu-Wimsatt, 1996; Wasik, 1996).

Muitos dos esforços de "gestão verde" são apenas para melhorar o desempenho dos produtos ou processos. No longo prazo, a dinâmica da destruição criativa[1] irá contra as empresas que sustentam a sua atividade com base em melhoramentos incrementais e, por isso, falham na mudança fundamental que é a inovação de produtos, processos e serviços (Hart e Milstein, 1999).

As empresas, particularmente as multinacionais, estão habituadas a ver o mercado global como uma entidade. Como tal, avaliam as oportunidades de negócio pelas vendas globais potenciais, o que facilita a venda dos produtos e serviços por todo o mundo sem grandes alterações (Hart e Milstein, 1999).

Esse novo paradigma (Wasik, 1996) – a visão de um mundo sustentável – leva a gestores a olharem para a organização de um ponto de vista ambiental, enfatizando relações que a empresa estabelece com o ecossistema.

VELHO PARADIGMA (VISÃO)	NOVO PARADIGMA (VISÃO)
• Crescimento contínuo e descontrolado	• Sustentabilidade, economia "verde"
• Conquistar a natureza e esgotar recursos	• Biofilia (afinidade com a natureza)
• Conformidade ambiental	• Auditoria ambiental
• Marketing para satisfação das necessidades	• Marketing para sustentar a vida
• Materialismo	• Personalismo
• Produção industrial	• Ecologia industrial
• Desenhado para obsolescência e rejeição	• Desenhado para o ambiente
• Contabilização dos custos (lucro/prejuízo)	• Contabilização total de custos
• Agrupar, reduzir	• Holismo

Fonte: Wasik (1996).

---

[1] Hart e Milstein (1999) defendem que é por meio da instabilidade inovadora, a destruição criativa, que as empresas e a economia se desenvolvem e crescem.

As organizações mais inovadoras que aceitaram esse novo paradigma adotaram a gestão de qualidade ambiental total, reduzindo custos e poluição (Wasik, 1996).

Esse novo método de gestão pode alargar-se a todas as fases da organização, em particular às de operações, produção e marketing.

3.1.4 A influência do novo paradigma ambiental no marketing

Face a um novo paradigma ambiental, as empresas reorganizaram-se e os seus estrategistas equacionaram novas posturas sobre os mercados, cabendo ao marketing grande responsabilidade na sua concepção e implementação.

Esta nova atitude empresarial surge porque:

- um crescente grupo de pesquisadores está demonstrando que os melhoramentos ambientais nas empresas se transformam em lucros;

- os consumidores estão mais preocupados com essas questões e normalmente associam as multinacionais aos problemas ambientais;

- é agora exigido às organizações que sejam mais responsáveis socialmente, em termos de produtos, operações e desempenho.

O objetivo do marketing, no âmbito da procura da sustentabilidade, é alcançar a satisfação ótima dos desejos do consumidor, permitindo o uso das funções ambientais na forma de produtos ou serviços, sem exceder os limites externos determinados na procura dessa sustentabilidade (Van Dam e Apeldoorn, 1996). O marketing sustentável deve contribuir para encontrar trocas defensáveis entre as preocupações das empresas e do ambiente. Ele representa, entre outras coisas, um atrativo para o aumento dos horizontes empresariais e para a continuidade do valor sobre o lucro. Por meio de um marketing proativo, que molde as necessidades e expectativas dos consumidores e ofereça ao mercado as escolhas apropriadas que atendam às suas necessidades, é possível alcançar a sustentabilidade (Sheth e Parvatiyar, 1997).

A afirmação de que o marketing supre as necessidades sociais informando os consumidores da disponibilidade de bens e serviços de modo a melhorar a sua qualidade de vida só pode ser defendida se a perspectiva de comunicação e respectivas técnicas ajudarem a informar.

Isso implica que o marketing tenha uma função educativa, canalizando as necessidades dos consumidores correntes e potenciais para produtos, serviços ou atividades ecológicas (Sheth e Parvatiyar, 1997). Implícita nessa afirmação está a suposição de que os esforços do marketing visam também reformar hábitos de consumo ineficientes e prejudiciais ao ambiente: "Mudar padrões de consumo pode implicar incentivos positivos, produtos novos e desenvolvimento de processos e preços contra certas práticas de consumo" (Sheth e Pavatiyar 1997, p. 7).

A habilidade do marketing em identificar e desenvolver escolhas de consumo para a sociedade, indo encontro das suas necessidades correntes sem prejudicar a capacidade de satisfazer às suas necessidades futuras, permite-lhe desenvolver produtos verdes que melhorem a fraca situação ambiental. Assim, o "produto verde" pressupõe que as consequências ambientais são os elementos mais importantes da sua aceitabilidade, mais do que a satisfação do utilizador ou o lucro da empresa. O produto verdadeiramente verde é aquele que se torna a primeira escolha do consumidor, desde que satisfaça as necessidades de consumo do indivíduo a par das suas necessidades de um ambiente físico saudável e sustentável (Sheth e Parvatiyar, 1997). Esses dois tipos de necessidades não estão em conflito, ocorrem em simultâneo.

Tendo presente o conceito de "produto verde", os gestores de marketing descobriram que os temas relacionados com o ambiente costumam ser uma fonte de vantagem competitiva (Schultz II e Holbrook, 1999). Por isso, as empresas concentram-se no problema do crescimento ou desenvolvimento sustentado (Elkington, 1994; Hart, 1997; Ruckelshaus, 1989), enquanto os gestores aspiram ao ecológico (Fisk

1974), ambiental (Polonsky e Mintu-Wimsatt, 1995), verde (Ottman, 1997; Wasik, 1996) e, mais recentemente, ao marketing ecoempresarial (*enviropreneurial*) (Kilbourne, 1995) (Hartmann e Stafford, 1998; Menon e Menon, 1997; Kangun, Carlson e Grove, 1991).

3.1.5 Do marketing ecológico ao marketing ecoempresarial

De acordo com Wasik (1996), o quadro alargado da primeira perspectiva de integração das preocupações ambientais no marketing, que se traduziram no "marketing ecológico", do ponto de vista de Kotler (1986), é o conceito de marketing social[2]. O marketing social defende que a tarefa das organizações é determinar as necessidades, desejos e interesses do mercado-alvo e desenvolver produtos que satisfaçam o consumidor de forma mais efetiva e eficiente do que a concorrência, preservando o bem-estar do consumidor e da sociedade.

O conceito de marketing social tem subjacente a ideia-chave de que o marketing é parte de uma gestão holística. Os produtos são julgados pelo modo como são produzidos, embalados, transportados, consumidos e eliminados (Wasik, 1996).

Essa perspectiva do marketing ecológico, defendida por alguns autores (por exemplo, Hennion e Kinnear, 1976; Fisk, 1974) é a tradução do reconhecimento de uma crise ecológica que leva gestores a assumirem a responsabilidade de tentar evitar essa crise e a mudarem as suas práticas de gestão (Van Dam e Apeldoorn, 1996).

Mas o simples lançamento de produtos "amigos do ambiente" não foi suficiente para estimular a procura, mesmo dos consumidores mais receptivos e apoiadores da defesa do ambiente. Os consumidores não mostraram predisposição para alterar seus comportamentos

---

[2]   Segundo Kotler (1986), marketing social "é o projeto, a implantação e o controle dos programas destinados a influenciar a aceitação das ideias sociais, envolvendo considerações de planejamento, fixação de preço, da comunicação e da distribuição do produto, e a pesquisa do mercado".

de consumo e aderir a medidas coletivas de proteção ambiental (Van Dam e Apeldoorn, 1996).

Figura 5 Evolução da integração da sustentabilidade no marketing – marketing ecológico

Por isso, o marketing passou a tentar convencer os consumidores de que podem alcançar níveis maiores de satisfação comprando menos produtos. Entramos, então, na perspectiva do "marketing ambiental", tentando traduzir em um conjunto de políticas a necessidade social de diminuir o consumo e de produzir com menos desperdício (Van Dam e Apeldoorn, 1996). Ao contrário do marketing ecológico, o marketing ambiental não espera que o simples reconhecimento dos problemas ambientais provoque mudanças de comportamento: estas devem ser implementadas pela diminuição interna dos custos e pela legislação governamental.

No entanto, as características de consumo em grande quantidade e/ou variedade provaram ser uma forte oposição a essa perspectiva. Várias explicações surgem para o hiperconsumo da sociedade moderna ocidental. Van Dam e Apeldoorn (1996) fazem a distinção entre facilidades externas proporcionadas aos consumidores para o consumo e os fatores de motivação internos que em conjunto fornecem as condições para a sociedade de consumo. Um só fator não é suficiente e alguns dos elementos necessários são causa e efeito ao mesmo tempo.

O papel psicológico da posse e do consumo materialista foi subestimado tanto pelo marketing ecológico como pelo ambiental (Van Dam e Apeldoorn, 1996).

Figura 6 Evolução da integração da sustentabilidade no marketing – marketing ambiental

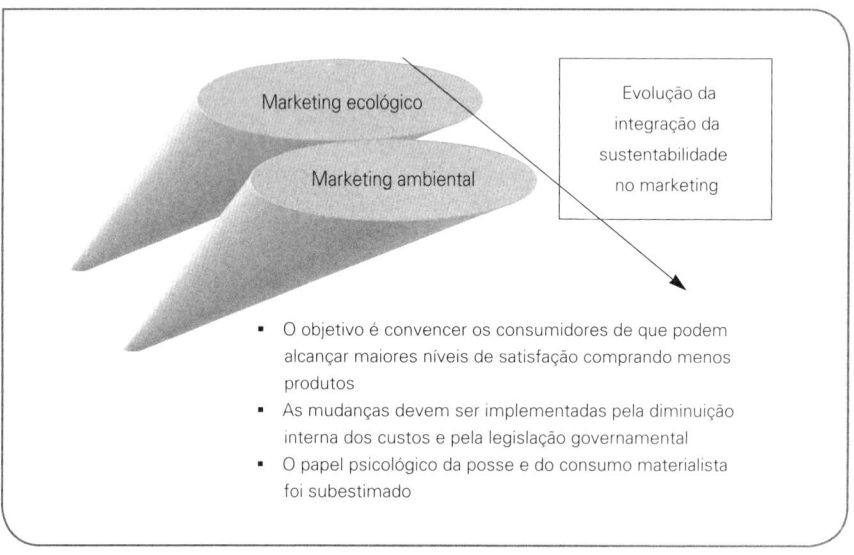

Dentro da teoria do marketing, a base do conceito de sustentabilidade passou, então, a ser refletido no aparecimento do "marketing verde"[3]). Não há uma só definição de marketing verde, mas a maioria da literatura descreve a forma como as empresas se adaptam ao aumento da procura dos consumidores de produtos "amigos do ambien-

---

[3] Segundo Polonsky (1994), o marketing verde consiste em todas as atividades concebidas para gerar e facilitar quaisquer trocas destinadas a satisfazer as necessidades e desejos humanos, tal que essa satisfação de necessidades e desejos ocorra com o mínimo de impacto no meio ambiente.

te". A maior diferença entre o marketing ecológico e o verde é que os motivos morais e sociais do primeiro são substituídos no último pelas pressões do mercado. No marketing ecológico, ser amigo do ambiente é um assunto de ordem moral, no marketing verde é uma ferramenta (Van Dam e Apeldoorn, 1996). O marketing verde centra-se no mercado e no"empurrão"legislativo para promover um desempenho empresarial "amigo do ambiente".

Tanto o marketing ecológico como o marketing verde partem da combinação entre a necessidade de obtenção de lucro e a qualidade sustentada do ambiente para a sociedade em geral (Van Dam e Apeldoorn, 1996). Existe, então, uma relação íntima entre o marketing verde e a gestão holística porque toda a empresa é questionada num contexto ambiental e, consequentemente, vai ao encontro da sustentabilidade.

A opção do marketing verde é descrita, segundo Langerak *et al.* (1998), como um processo de interação entre grandes forças políticas e econômicas externas (sensibilidade do consumidor ao ambiente, intensidade competitiva e intensidade legislativa) e internas (consciência ambiental dos gestores e sensibilidade dos empresários às questões do meio ambiente) dentro do sistema organizacional.

De acordo com o grau em que os consumidores estão comprometidos com os temas ambientais, com as expectativas (relativas às consequências no ambiente do negócio) e com a sua vontade em exercer poder (no sentido de obrigar o gestor a agir de acordo com as suas expectativas), assim a sua sensibilidade é determinada. Do mesmo modo é definida a capacidade de os consumidores influenciarem a probabilidade de as empresas adotarem o marketing "verde" (Langerak *et al.*, 1998). A intensidade competitiva e legislativa, e a crescente pressão aplicada por grupos de consumidores e outros grupos defensores do ambiente, levam as empresas a adotarem o marketing verde numa tentativa de moldar futuras leis que sejam consistentes com os seus padrões ambientais (Langerak *et al.*, 1998). O marketing está por natureza em posição de estimular atividades benéficas em termos ambientais ao longo de toda a organização.

De acordo com Langerak *et al*. (1998), a influência dos gestores no marketing verde depende do seu próprio grau de compromisso para com os temas ambientais.

A vontade de cada gestor para exercer influência em outras funções organizacionais, como a pesquisa e desenvolvimento, ou a produção e logística, é também fundamental para o sucesso da integração da problemática ambiental na gestão das empresas.

O sucesso do marketing verde está refletido na resposta dos consumidores e no desempenho financeiro do negócio. As implicações da *performance* do marketing verde assentam, fundamentalmente, na capacidade do negócio em cobrar preços *premium* nos produtos verdes, reduzir custos por meio de programas ambientais e atingir altos resultados (Ottman, 1997; Wasik, 1996).

No marketing verde, os elementos proativos do marketing ecológico são abandonados em favor de uma atitude de resposta, sendo os temas ambientais convertidos em problemas de marketing. Tal postura é tanto uma força como uma fraqueza, segundo Van Dam e Apeldoorn (1996). A apetência pelos assuntos ambientais nas empresas aumentou, mas o aspecto macro dos assuntos é ignorado.

Sem dúvida o marketing verde ajudou e ajuda a atrasar a deterioração do ambiente, tanto por melhoramentos dos produtos como pelo fornecimento de serviços ambientais. No entanto, incluir o conceito da sustentabilidade no enquadramento do marketing não implica apenas adicionar um novo elemento de competitividade, não é suficiente analisar até que ponto o "esverdear" das empresas pode ser lucrativo e agir em conformidade (Van Dam Apeldoorn, 1996).

A sustentabilidade, como objetivo social, inclui produtores e consumidores que, quer queiram ou não, têm de mudar o seu comportamento de compra.

Figura 7 Evolução da integração da sustentabilidade no marketing – marketing verde

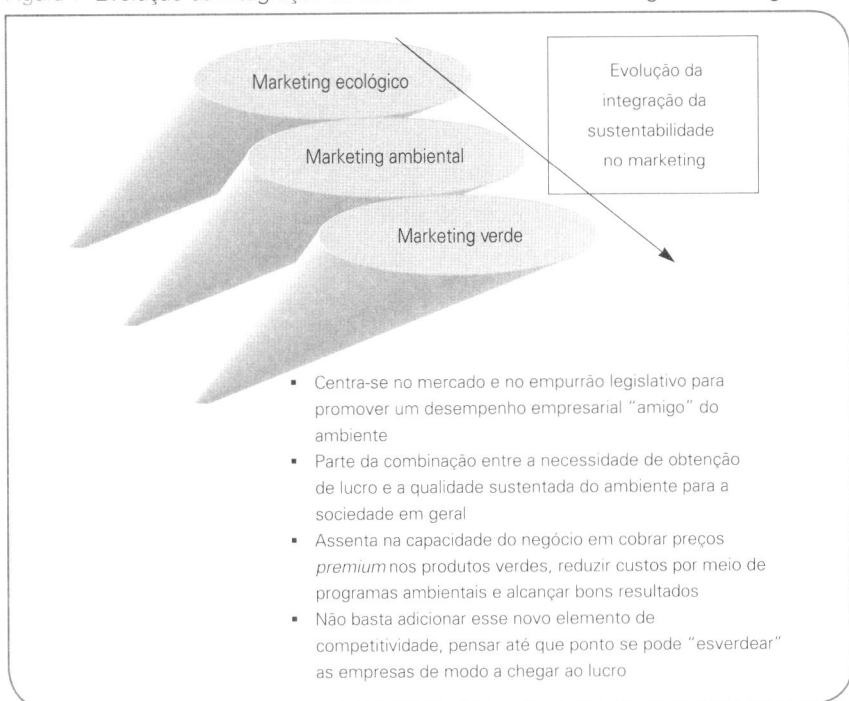

- Centra-se no mercado e no empurrão legislativo para promover um desempenho empresarial "amigo" do ambiente
- Parte da combinação entre a necessidade de obtenção de lucro e a qualidade sustentada do ambiente para a sociedade em geral
- Assenta na capacidade do negócio em cobrar preços *premium* nos produtos verdes, reduzir custos por meio de programas ambientais e alcançar bons resultados
- Não basta adicionar esse novo elemento de competitividade, pensar até que ponto se pode "esverdear" as empresas de modo a chegar ao lucro

Apesar do sucesso dessa perspectiva e do seu nível de adesão por parte das empresas, ainda se apresentavam problemas que, de acordo com Menon e Menon (1997), só seriam resolvidos se houvesse uma integração dos pontos de vista do marketing ecológico e do marketing verde (ou empresarial, como era chamado) numa única estratégia de marketing ecoempresarial. Essa perspectiva estratégica vê a mudança ambiental como uma oportunidade de inovação para criar vantagem competitiva, melhorando a sua *performance*.

A estratégia de marketing ecoempresarial é um processo de formulação e implementação das atividades de marketing, benéficas para a empresa e para o ambiente, com o objetivo de criar retornos ao proporcionar trocas que satisfaçam os objetivos da empresa em termos econômicos e sociais. O que diferencia a estratégia de marketing ecoempresarial das outras perspectivas baseadas no ambiente é o fato de adotar uma solução de inovação e tecnologia em vez de uma solução de pressão pública e legal, o fato de ser uma filosofia ou orientação empresarial e o fato de representar a confluência do desempenho social e dos objetivos ambientais e econômicos (Menon e Menon, 1997).

A premissa básica que orienta a estratégia de marketing ecoempresarial é que a degradação ambiental é o resultado da interação da experiência humana com o crescimento tecnológico e o desenvolvimento econômico. Assim, são essas forças que devem estar na raiz da solução para os problemas ambientais, e não a pressão legal e o aumento da regulamentação das atividades.

Em vez de tenderem para a utilização da lei e da pressão da opinião pública para responder aos problemas ambientais, as tecnologias ecológicas e de inovação são propostas cada vez mais como opiniões estratégicas para desenvolver vantagens competitivas e resolver os problemas do ambiente (Shrivastava, 1995).

Consistente com essa lógica, o marketing ecoempresarial defende que as empresas podem reduzir os problemas ambientais por meio da inovação, procurando novas formas de produção, embalagem e distribuição dos bens e serviços aos consumidores. Além disso, as empresas podem criar novas formas de destruição ou reciclagem dos resíduos da produção ou consumo desses bens ou serviços (Mirvis, 1994; Coddington, 1993).

Do ponto de vista teórico, os problemas ambientais são cada vez mais enquadrados como problemas econômicos e a pesquisa sobre esses assuntos vem sendo conduzida dentro de vários ramos da ecologia econômica (Constanza e Waigner, 1991) e da ecologia industrial (Craincross, 1992; Hawken, 1992), como pensa Shrivastava (1995).

Alguns autores (Stopford e Baden-Fuller, 1994; Coddington, 1993; Hunt e Auster, 1990; Burgleman, 1983), referidos por Menon e Menon (1997), argumentam que um conceito básico do processo da estratégia de marketing ecoempresarial é a presença de uma filosofia empresarial das organizações, em vez de uma perspectiva administrativa ou de gestão.

Consequentemente, um dos valores centrais que guiam essa perspectiva estratégica de marketing é a visão de que os imperativos do ambiente podem ser oportunidades de mercado em vez de restrições de negócio.

Em suma, a estratégia de marketing ecoempresarial oferece à empresa uma perspectiva de livre mercado para melhorar as preocupações ambientais. Essa estratégia é essencial dentro do domínio social[4] do marketing. Os princípios de desempenho social são intrínsecos à natureza e objetivos das estratégias e tácticas dessa perspectiva. Justamente porque o ambiente natural não só influencia a estratégia como é essencial nela, a estratégia de marketing ecoempresarial tem de resolver as tensões entre o estatuto relativo do ambiente e os objetivos econômicos.

Dessa forma, a estratégia de marketing ecoempresarial é construída para equilibrar os objetivos, necessidades e temas ambientais e econômicos, representando a fusão entre o paradigma social dominante e o novo paradigma ambiental (Menon e Menon, 1997).

Figura 8 Evolução da integração da sustentabilidade no marketing – marketing ecoempresarial

_____

[4] Mais concretamente, do *societal marketing* definido por Kotler (1986) como um princípio do marketing informado que defende que uma empresa deve tomar as suas decisões de marketing considerando as necessidades dos consumidores, as necessidades da própria empresa, os interesses dos consumidores no longo prazo e os interesses da sociedade no longo prazo.

Como no caso da maioria das empresas essa última perspectiva tem origem fundamentalmente na concretização das preocupações de responsabilidade social. Vamos considerar que as preocupações ambientais, quando levadas à prática, já têm subjacente uma filosofia ambiental. Dessa forma não só transparece um clima de credibilidade, como também as empresas podem concentrar-se em ações estratégicas e operacionais orientadas para o mercado de um ponto de vista essencialmente verde. Por essa razão, passaremos a chamar sempre de marketing verde a integração, no marketing, da sustentabilidade ambiental nas empresas.

3.2 ESTRATÉGIAS DE MARKETING VERDE

Tal como ficou claro anteriormente, uma estratégia genérica "verde" da empresa pressupõe que da análise de partida à definição de objetivos, ao alcançar e à definição dos pormenores das ações a desenvolver, tudo deve ser efetuado de um ponto de vista ambiental.

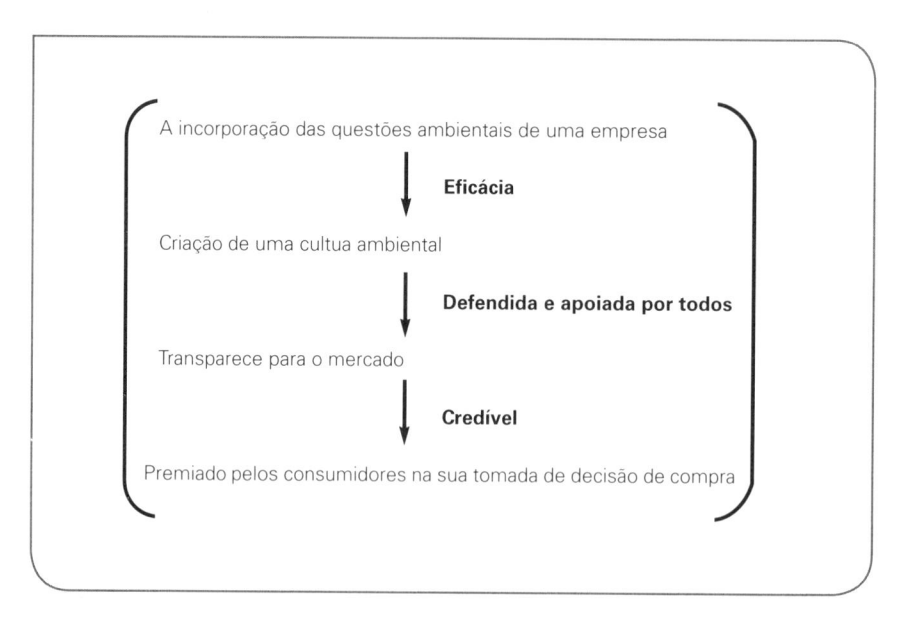

Tendo isso em mente, as estratégias de marketing verde poderão passar por:

Estratégias centradas no desenvolvimento de produtos ecológicos/"verdes"	Estratégias centradas em alianças/parcerias com ONG	Estratégias centradas na comunicação
▪ Redesenho de um produto existente ▪ Desenho de um produto novo ▪ Substituição de produtos ambientalmente não aceitáveis	▪ Inspira a confiança do público nas suas ações ecológicas, e os grupos de defesa do ambiene precisam de mais recursos e de identificar os problemas	▪ Comunicação independente ▪ Comunicação da missão e dos valores da empresa ▪ Centrar a comunicação nos problemas ambientais não é totalmente eficaz, depende de: 　▪ Nível de conhecimento do problema pelo consumidor 　▪ Tema ambiental em questão ▪ A comunicação deve permitir realçar a percepção de eficácia do comportamento do consumidor

3.2.1 Estratégia centrada no desenvolvimento de produtos ecológicos "verdes"

Esse tipo de estratégia tem como principal objetivo oferecer produtos verdes e assim atender às necessidades de satisfação ecológica dos consumidores.

São estratégias que, por isso, poderão ser mais ou menos abrangentes em termos de definição da gama de produtos da empresa, e podem variar entre:

- Redesenho de um produto existente
- Desenho de um produto novo
- Substituição de produtos ambientalmente não aceitáveis

Na maioria dos casos, ao procurar alcançar esses objetivos, as empresas poderão mesmo abandonar os produtos, processos de produção e/ou a utilização de embalagens prejudiciais ao ambiente.

Nessas estratégias, a preocupação com o desperdício de matérias-primas ou de recursos energéticos é uma prioridade, assim como o assumir da responsabilidade pelos custos sociais criados pela produção e pelo consumo dos produtos oferecidos ao mercado.

Se for esse o caso, as empresas devem estar atentas e analisar se as referidas alterações implicam grandes conflitos na produção e organização por estarem produzindo diferentes produtos, uns verdes e outros não. O ideal é desagregar as unidades de negócio e trabalhá-las da forma mais independente possível.

A alteração da embalagem para material mais ecológico é fundamental porque é uma das principais fontes de informação dos consumidores.

Após isso apresentam-se várias questões fundamentais a analisar quando se pensa em redesenhar/desenhar um produto ou embalagem e torná-lo mais ecológico/verde:

Figura 9 Análise de redesenho/desenho do produto e/ou embalagem

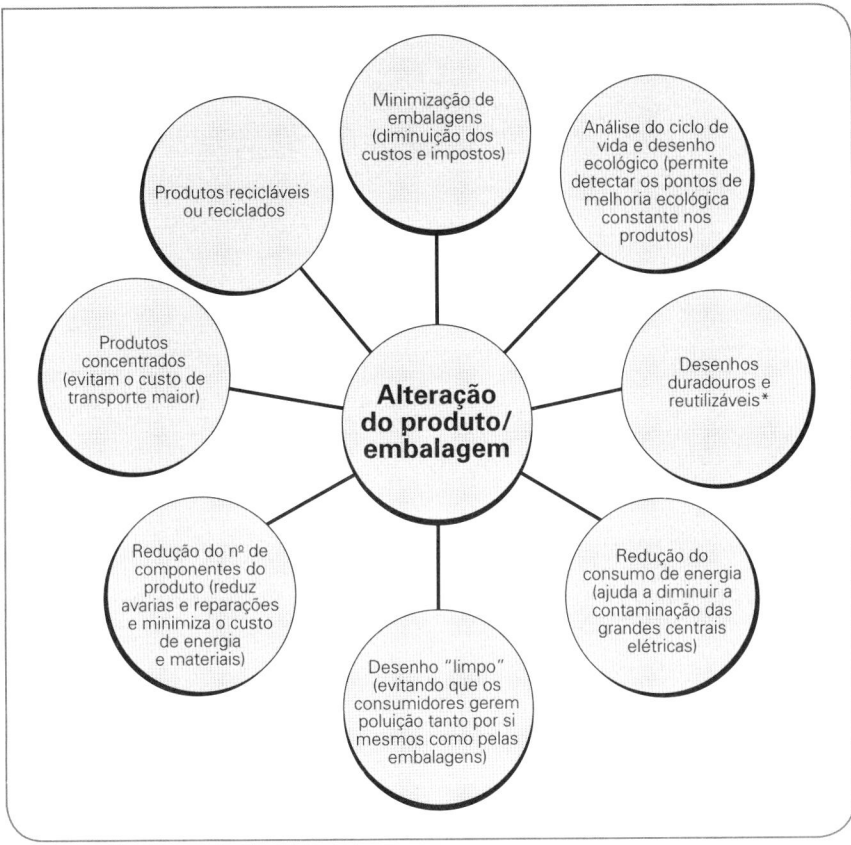

* Muitos produtores gostam de dar uma imagem de "novo" aos seus produtos para estimular a procura; no entanto, a reutilização do produto promove a fidelização e impede a entrada de novos concorrentes.

3.2.2 Estratégia centrada em alianças/parcerias com organizações não governamentais (ONG)

As empresas utilizam o contexto ambiental como fonte de recurso e meio de atuação. No entanto, nesse mesmo contexto existem outras organizações com um papel muito ativo na defesa do ambiente. Para que as organizações empresariais consigam dar visibilidade ao seu posicionamento verde, elas precisam inspirar confiança do público em relação às suas ações ecológicas.

Por outro lado, os grupos de defesa do ambiente precisam de mais recursos financeiros e materiais de modo a poderem identificar os problemas que enfrentam. Dessa forma, as parcerias ou associações entre empresas e ONG são um esquema estratégico que traz vantagens a ambas as partes.

Mesmo assim, alguns cuidados devem existir para garantir o bom desenvolvimento desse tipo de relação, entre os quais se destacam três elementos importantes que, quando bem definidos, permitem o alcance de excelentes parcerias:

- Identificar as partes interessadas
- Comunicar com os interessados, identificar os objetivos comuns
- Desenvolver, controlar e avaliar o programa de associação

Depois de identificados os objetivos da parceria, deve-se proceder à planificação e implementação do projeto recolhendo informação sobre os resultados obtidos pelas partes associadas e dos afetados pela implementação da estratégia (os consumidores).

É importante controlar como o público percebe esse projeto comum, devendo a comunicação ser genuína e sincera, senão não passará de uma "lavagem verde" da empresa.

Questões fundamentais a analisar quando se escolhe uma ONG para estabelecer uma parceria estratégica:

A ação social e ambiental da ONG selecionada não deve contrariar a missão e/ou o objeto do negócio da empresa.

Por exemplo, não faz sentido escolher uma ONG que proteja o ambiente de uma forma pouco realista, ou mesmo fundamentalista e em clara contradição com as boas práticas ecológicas definidas para as empresas num quadro legal acordado em um amplo nível social.

A relação entre a empresa e a ONG deve ser *win-win*.

Ambas as partes devem se beneficiar claramente da parceria, nenhuma deve sentir que está fazendo um favor ou emprestando a sua credibilidade numa relação desequilibrada de forças.

A relação entre a empresa e a ONG deve ser de total confiança.

Se alguma das partes da parceria sentir que a outra não está desempenhando o seu papel com total sentido ético e de transparência, a relação não será sustentável no médio/longo prazo.

3.2.3 Estratégia centrada na comunicação

Esse tipo de estratégia baseia-se precisamente na questão da visibilidade do esforço verde da empresa. Ao procurar ir ao encontro desse tipo de preocupação ecológica dos consumidores, as empresas precisam informá-los das práticas ecológicas que desempenham. Como tal, surge a necessidade de traçar uma campanha de comunicação intensiva de forma a garantir que a mensagem chegue ao receptor nas melhores condições, veiculando o esforço que a empresa faz para proteger o ambiente. Só assim o consumidor poderá percebê-la, compreendê-la e integrá-la ao seu sistema de tomada de decisão de compra.

Dessa forma, as mensagens têm de preencher alguns requisitos de boa comunicação, como:

- Clareza
- Comprovação independente
- Comunicação da missão e valores da empresa

Como em qualquer outro processo de comunicação, há aqui a necessidade de definição dos objetivos de comunicação e de escolha dos meios mais adequados de modo a poder atingir o receptor pretendido com o máximo de qualidade na mensagem.

No entanto, há cinco questões fundamentais que merecem cuidada reflexão antes de definir como e o que comunicar:

- A publicidade menciona o impacto ambiental do produto em termos de análise do ciclo de vida do produto? Se sim, até que ponto? Dá-se demasiada informação?

- Que tipo de embalagem se utiliza? Está realizada em material reciclável ou reciclado? Se o anúncio é de papel, está impresso sobre papel reciclado com probabilidades de uso posterior? As tintas são ecológicas?

- O fabricante assume a responsabilidade dos resíduos do produto que vende? Como faz a gestão dos resíduos sólidos?

- Controlam-se e processam-se as matérias-primas de forma sustentável? O processo de produção está certificado por uma instituição independente? Menciona-se a certificação no anúncio?

- Há algum programa para evitar danos ambientais de longo prazo por meio do desenho ou produção? O programa está certificado? Há mais informação sobre esses temas na publicidade?

Depois da definição das três estratégias genéricas verdes, a empresa deve posicionar-se no mercado analisando criteriosamente aquilo que faz melhor e aquilo que o mercado reconhece como valor (competências distintivas) para, a partir destas, selecionar os seus fatores críticos de sucesso (FCS).

3.3 POSICIONAMENTO VERDE

Tendo presente os FCS, posicionar uma empresa no mercado é apostar em fatores identificadores do seu produto para que sejam reconhecidos e valorizados pelos consumidores.

Para tal, selecionam-se os atributos que melhor caracterizam os produtos de modo a serem comunicados aos consumidores e por meio dos quais estes possam identificar os produtos e valorizar as suas características. No marketing, define-se o posicionamento de um produto por meio de duas estratégias: uma baseada nas características de consumo do bem (identificação do produto) e outra baseada na imagem que o bem pretende transmitir e/ou transmite (diferenciação da concorrência).

O posicionamento verde será composto pelos atributos ecológicos comunicados ao público-alvo e que constituem a dimensão de diferenciação da marca no mercado (Aacker, 2000). Ou seja, existem dois tipos de posicionamento verde:

- Por atributos funcionais – cujo objetivo é influenciar a percepção da marca proporcionando informações sobre os atributos funcionais ou características técnicas em que se baseia o seu reduzido impacto ambiental;
- Por benefícios emocionais – cujo objetivo é proporcionar a satisfação emocional quando o consumidor se comporta de forma pró-ambiental; e podem ter ênfase em diferentes características:

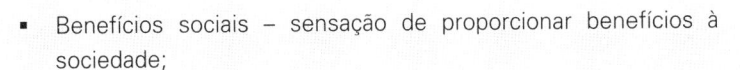

- Benefícios sociais – sensação de proporcionar benefícios à sociedade;
- Benefícios de autoestima – por meio do consumo visível de marcas verdes;
- Benefícios emocionais – experiências pessoais relacionadas com a natureza.

Pensando nas características do comportamento do consumidor verde, descritas no capítulo anterior, podemos concluir que a forma mais eficaz de as empresas traçarem o seu posicionamento verde é utilizando simultaneamente das duas abordagens. Ou seja, as empresas deverão definir um posicionamento funcional, para uma melhor percepção das características ecológicas da marca, e emocional, para uma maior associação emocional com a natureza.

3.4 O MARKETING OPERACIONAL VERDE

São muito conhecidos os 4 Ps do marketing.

Figura 10 Marketing mix verde

Product

- Minimização da contaminação por uso ou produção
- Substituição de materiais escassos por abundantes
- Serviço ao cliente de aconselhamento em uso ecológico
- Produção de bens recicláveis e de poupança de recursos

Price

- Custos ecológicos do produto diretos e indiretos
- Discriminação positiva dos preços
- Diferenciação dos preços ecológicos

Promotion

- Tomada de consciência ecológica
- Informação sobre produtos e produção ecológica
- Comunicação por meios ambientais
- Informação sobre serviços ecológicos dos produtos
- Realização de ações de relações públicas sobre ecologia

Place

- Fomentar a retrodistribuição
- Canais de distribuição que poupem o consumo de recursos naturais
- Sensibilização ecológica no ponto de venda

Fonte: Calomarde (2000).

No entanto, o marketing operacional verde tem algumas *nuances* que convém apontar.

3.4.1 Política de produto

A constatação de que a forma tradicional de interpretar e intervir nos processos de produção já não é a apropriada (Alaminos e Wait, 2007) e o fato de a produção industrial e energética continuarem sendo as fontes de poluição atmosférica e de resíduos mais fortes fizeram com que se repensasse a forma de manufatura dos produtos, procurando mais ecoeficiência produtiva.

Assim, a política de produto, numa perspectiva de marketing verde, não pode deixar de considerar algumas questões mais tecnológicas, fundamentais para o reflexo que o produto terá em termos ambientais no mercado de consumo.

As decisões, nesse âmbito, devem ser fundamentalmente sobre o desenho do bem, de forma a minimizar o consumo de recursos escassos e a produção de resíduos ao longo de todo o ciclo de vida do produto, sem comprometer as características necessárias para satisfazer as necessidades atuais dos consumidores.

Quando concebe um produto ecológico, a empresa tem de garantir que a função ecológica não afeta de forma negativa as funções técnicas e comerciais do produto e de sua embalagem, nem a rentabilidade da empresa. Nesse sentido, o produto ecológico deve ser definido como:

> Aquele produto que, cumprindo as mesmas funções dos produtos equivalentes, tem um impacto no ambiente inferior durante todo o seu ciclo de vida.

Não pode existir um produto verde se o comportamento ambiental dos meios de produção e de outras áreas funcionais da empresa não for correto. Por isso, podemos classificar os atributos verdes do produto em dois tipos:

> - Atributos específicos do produto, tal como a sua duração, facilidade para reciclagem ou reutilização ou o tipo e quantidade de materiais usados no produto e embalagem.
> - Atributos específicos do processo e do produtor, tal como o consumo de energia e água ou a produção de resíduos.

Para se poder alcançar um produto verde deverão ser analisadas diferentes questões, como as relativas ao processo de produção, à definição das características e composição dos produtos, à embalagem e à etiquetagem.

Política de produto integrada

Hoje fala-se na definição de uma política de produto integrada, que envolve um planejamento mais amplo, resultante de uma avaliação complexa e extensa dos efeitos ambientais de diferentes áreas de atividade em torno de um objetivo comum.

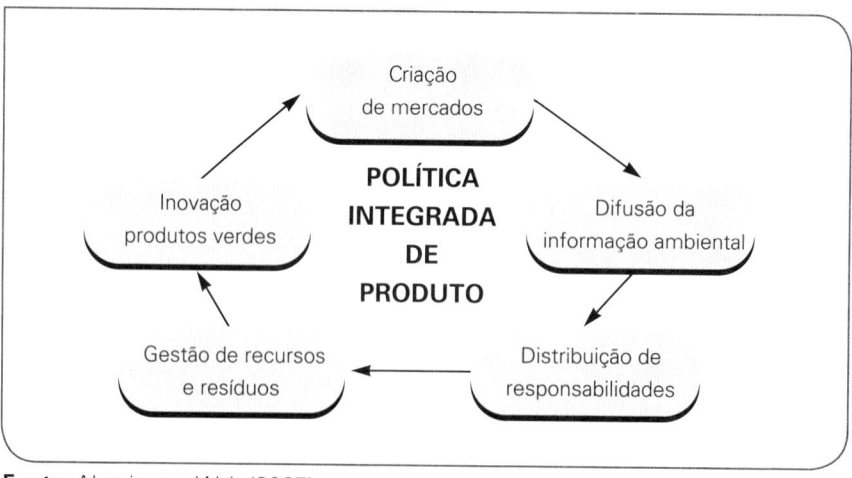

Fonte: Alaminos e Wait (2007).

Os instrumentos dessa política ambiental podem resumir-se em cinco grandes grupos:

- Gestão de recursos e de resíduos – com o objetivo de melhorar a eficácia e a eficiência da gestão de recursos de modo a poder reduzir o consumo de matérias-primas necessárias para a confecção de novos produtos e prestar novos serviços. A gestão de resíduos procura a diminuição, em quantidade e em impacto, dos resíduos gerados pela produção.
- Políticas de inovação ambiental – relacionadas com a pesquisa e o desenvolvimento para encontrar formas de produção ou produtos menos nocivos para o ambiente.
- Medidas que se poderão adotar para promover a existência de mercados mais verdes, ou seja, mercados em que os consumidores procurem produtos verdes e mais "amigos do ambiente".
- Gestão de informação – um complemento fundamental, pois a difusão da informação ambiental dos produtores ao consumidor final é imprescindível, sob pena de uma política integrada de produto ser ineficaz se não houver uma gestão da informação ambiental que alcance os seus objetivos de divulgação/educação.
- O sistema de atribuição de responsabilidades da produção – que deve ser repartido e estender-se ao longo de todo o ciclo de vida do produto. Isso implica a atribuição das responsabilidades legais e financeiras dos impactos ambientais do produto.

Dessa forma podemos observar que uma política integrada de produto representa um grupo extenso de medidas, algumas muito específicas (por exemplo, a regulamentação do retorno das embalagens), outras mais horizontais (por exemplo, a política de responsabilidade do produtor).

Gestão de recursos e resíduos	Inovação de produtos "verdes"	Criação de mercados	Difusão da informação ambiental	Distribuição de responsabilidades
• Gestão, valorização e recuperação de resíduos • Minimização de resíduos • Produção limpa • Ecoeficiência[5]	• Pesquisa e desenvolvimento e inovação ambiental • Ecodesenho[6]	• Integrar a política ambiental dentro das políticas comunitárias • Medidas fiscalizadoras centradas no produto	• Etiquetas ecológicas • Dossiê de produtos • Relatórios ambientais	• Sistema de responsabilidade ambiental • Acordos voluntários entre empresas • Fiscalização ecológica direcionada ao consumidor

Fonte: Alaminos e Wait (2007).

Análise do ciclo de vida do produto

Existem instrumentos que ajudam as empresas a obter informações sobre o impacto ambiental global dos seus produtos durante as diferentes etapas do ciclo de vida tendo em conta a necessidade de manter a eficiência dos processos e a funcionalidade dos produtos. Apesar de ainda subsistirem algumas questões pouco definidas, como os parâmetros ambientais que devem ser considerados numa análise do ciclo de vida (ACV) (por exemplo: capacidade de renovação dos recursos, gera-

---

[5] É a procura de uma gestão sustentável dos processos produtivos e dos produtos ou serviços prestados por uma organização, utilizando menos recursos e minimizando os impactos ambientais associados à atividade empresarial (AIMinho/MRE, 2002).

[6] O ecodesign é uma nova forma de concepção dos produtos que tem em conta o seu impacto ambiental ao longo do ciclo de vida (Dias, 2007).

ção de resíduos, tipos e níveis de emissões a medir) – pois muitas vezes dependem do tipo de indústria a que a empresa pertence –, esse instrumento tem grande utilidade analítica e de apoio à definição de produtos mais ecológicos.

Poderíamos ainda citar outros instrumentos de apoio às empresas para a implementação das políticas ambientais na sua gestão, como a análise de custo/benefício, a análise de custo/eficiência ou os sistemas de gestão ambiental (ISO 14001) e os diferentes tipos de auditorias ambientais. Se o fizéssemos, estaríamos não só sendo ainda mais abstratos na definição dos parâmetros a utilizar nos primeiros dois casos, como fugindo do âmbito do marketing nos dois últimos, apesar das importantes informações e processos que poderão aportar à gestão empresarial na prossecução dos seus objetivos de sustentabilidade.

Temos então a ACV, que, de acordo com Reis (1995), é o processo de avaliação dos produtos ambientais associado a um sistema de produtos e serviços que permite identificar e avaliar os impactos dos produtos no meio ambiente ao longo do seu ciclo de vida.

Desse modo, a ACV representa o somatório dos impactos ambientais gerados durante a fase de extração de matéria-prima, de produção, de distribuição, de uso/consumo e de eliminação dos produtos e que será menor nos produtos verdes do que no caso dos produtos "normais" que satisfazem a mesma necessidade.

Esse processo de análise pode ser utilizado em diferentes situações, como quando se pretende aprimorar o desempenho dos produtos e/ou serviços.

Esse método de análise pode também ser utilizado como uma ferramenta de identificação dos impactos ambientais do processo e/ou do produto: auxiliando as tomadas de decisão no que se refere à formulação dos regulamentos comunitários, ajudando a identificar os principais efeitos ambientais dos processos e/ou produtos, facilitando ainda a avaliação das mudanças propostas ao projeto de produto e ao processo de produção.

ANÁLISE DO PRODUTO DE ACORDO COM O SEU CICLO DE VIDA (ACV)

Fase de produção	Fase de venda, utilização e consumo	Fase de eliminação
▪ Emprego de materiais não contaminantes e que consumam pouca energia ▪ Emprego de matérias-primas disponíveis em abundância ▪ Exploração mínima de recursos ▪ Possibilitar uma duração grande dos produtos ▪ Contribuição do produto para uma produção ambiental em relação às emissões e à energia ▪ Sempre que possível fomentar a produção não só de produtos relativamente "limpos" (ex.: carros com catalizador) como de "produtos limpos *per si*" (ex.: bicicletas, alimentos biológicos)	▪ Embalagens não prejudiciais ao ambiente e à saúde ▪ Reutilização ou aproveitamento das embalagens ▪ Produto e embalagem com o menor volume possível ▪ Inocuidade na utilização e no consumo ▪ Emissão de gases nula ou não prejudicial na utilização ou no consumo ▪ Emissão de líquidos prejudiciais nula ou escassa ▪ Utilização e consumo que poupem energia ▪ Utilização ou consumo silencioso ▪ Possibilitar a utilização mais econômica e limpa possível (instruções de emprego, serviço, aconselhamento) ▪ Aumento da facilidade de reparação e manutenção e substituição de peças ▪ Aumento da durabilidade (atrasar a obsolescência estilística, funcional e material)	▪ Volume de resíduos reduzido ▪ Possibilidade de combustão, incineração ou depósito sem problemas ▪ Minimização do volume desejável graças à possibilidade dereutilização ▪ Possibilidade de reciclar o produto eliminado ▪ Em caso de produtos perigosos, facilitar o aproveitamento, recolha e eliminação seletiva ▪ Aproveitamento energético sem problemas graças à incineração de resíduos

Fonte: Calomarde (2000).

No entanto, a ACV tem algumas limitações que devem ser examinadas:

- Restrições de confidencialidade
- Eventual inconsistência dos dados: tipos de dados, agregações, mídia/indústria
- Falta de representatividade em condições regionais inapropriadas
- Falta de acordo sobre as questões de valorização
- Não abrangência de todos os aspectos ambientais
- Cautela na comparabilidade de diversas ACV

É necessária, pois, uma clara e precisa definição dos métodos, dados selecionados, critérios ambientais de valorização e condições locais de aplicabilidade que se escolham para uma ACV, em particular para se poder permitir menor subjetividade nas avaliações e maior poder de comparabilidade com outras que venham a ser realizadas no futuro.

Etiquetas e marcas verdes

O recurso a etiquetas ecológicas de modo a tentar garantir credibilidade e confiança é também uma das ferramentas que as empresas têm procurado utilizar para se diferenciar em termos ambientais, principalmente por meio de seus produtos.

Essas etiquetas são definidas na legislação pela norma NC-ISO 14020 e têm os seguintes princípios gerais:

- São exatas, verificáveis, não enganosas.
- Não criam obstáculos desnecessários ao comércio.
- São baseadas em metodologias científicas.
- Têm em consideração a análise do ciclo de vida do produto.
- Não devem inibir a inovação.

- Devem garantir a igualdade de acesso por todas as partes.
- Consulta aberta e participativa. Consenso.
- Não devem ser discriminatórias entre produtos nacionais e estrangeiros.
- Procedimentos, metodologias e critérios disponíveis para todas as partes interessadas.

E podem ser de três tipos diferentes:

- *NC-ISO 14024: 2005 Etiquetas e declarações ambientais. Etiquetas Ecológicas Tipo I. Princípios e procedimentos.* É uma etiqueta ecológica totalmente voluntária que um organismo oficial ou de prestígio reconhecido promove.
- *NC-ISO 14021: 2005 Etiquetas e declarações ambientais. Auto declarações ambientais (Etiquetas Ecológicas Tipo II).* É uma indicação do produtor ou embalador que não está validada por nenhuma entidade.
- *NC-ISO/TR 14025: 2004 Etiquetas e declarações ambientais. Declarações ambientais Tipo III. Diretrizes e procedimentos.* É uma etiqueta ou declaração ecológica, quantificada, com base em indicadores preestabelecidos, promovida por organismos externos à instituição solicitadora.

O objetivo desse tipo de programa é contribuir para a redução dos impactos ambientais associados aos produtos por meio da identificação dos bens que cumprem os critérios específicos do programa que determina a preferência ambiental global. Podem consistir em etiquetas ou logotipos ecológicos.

Esse programa de etiquetas ecológicas é voluntário, baseado em múltiplos critérios, de uma terceira entidade, que outorgam licença na utilização de etiquetas ecológicas, de modo a indicarem a preferência global ecológica de um produto, em dada categoria de bens, devendo, para isso, ter em conta a análise do ciclo de vida desse produto.

Exemplos:

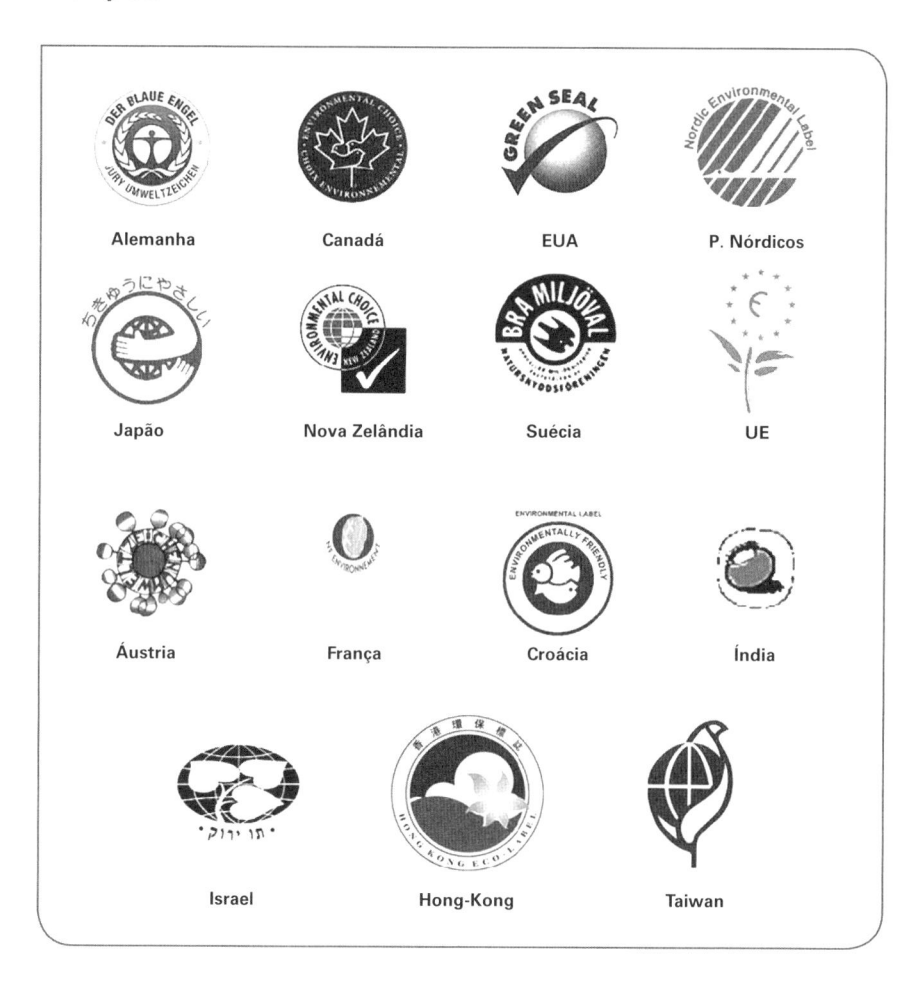

Alemanha	Canadá	EUA	P. Nórdicos
Japão	Nova Zelândia	Suécia	UE
Áustria	França	Croácia	Índia
Israel	Hong-Kong	Taiwan	

Cronologia de alguns exemplos de etiquetas ecológicas

- Alemanha – Anjo azul – 1987
- Canadá – Seleção ambiental – 1989
- EUA – Selo verde – 1989
- Japão – Ecomarca – 1989
- Países Nórdicos – Cisne branco – 1989
- Nova Zelândia – Seleção ambiental – 1990
- Áustria – Etiqueta ecológica – 1991

- Índia – Ecomarca – 1991
- Holanda – Stitching Milieuker – 1992
- França – NF Meio ambiente – 1992
- União Europeia – Flor europeia – 1992
- Coreia – Etiqueta ecológica – 1992
- Cingapura – Etiqueta verde – 1992

Em 1994 foi fundada a Rede Mundial de Etiquetas Ecológicas – GEN. Tem 26 organizações por todo o mundo e os seus principais objetivos são:

- O intercâmbio de informações e experiências entre as organizações de certificação;
- O desenvolvimento de programas de etiquetas ecológicas;
- O fortalecimento destas etiquetas "voluntárias" no mercado mundial.

Todas as empresas que desejem obter uma etiqueta ecológica deverão seguir o mesmo processo de atribuição e de consessão, ou não. Será necessário constituir um grupo de trabalho, composto por elementos de ambas as partes interessadas no processo (da entidade que pretende a etiqueta e da entidade que atribui esse selo), e definir a que categoria de produto pertence o bem que se pretende etiquetar, de modo a poder proceder à avaliação dos impactos ambientais que esse produto, geralmente, implica em todas as fases do seu ciclo de vida.

É muito importante que o grupo de trabalho efetue essa avaliação com precisão e clareza, pois essa análise servirá de fundamentação para a definição dos critérios ecológicos a seguir e que determinarão a atribuição da etiqueta ou não.

Figura 12 Processo genérico de atribuição de etiquetas ecológicas

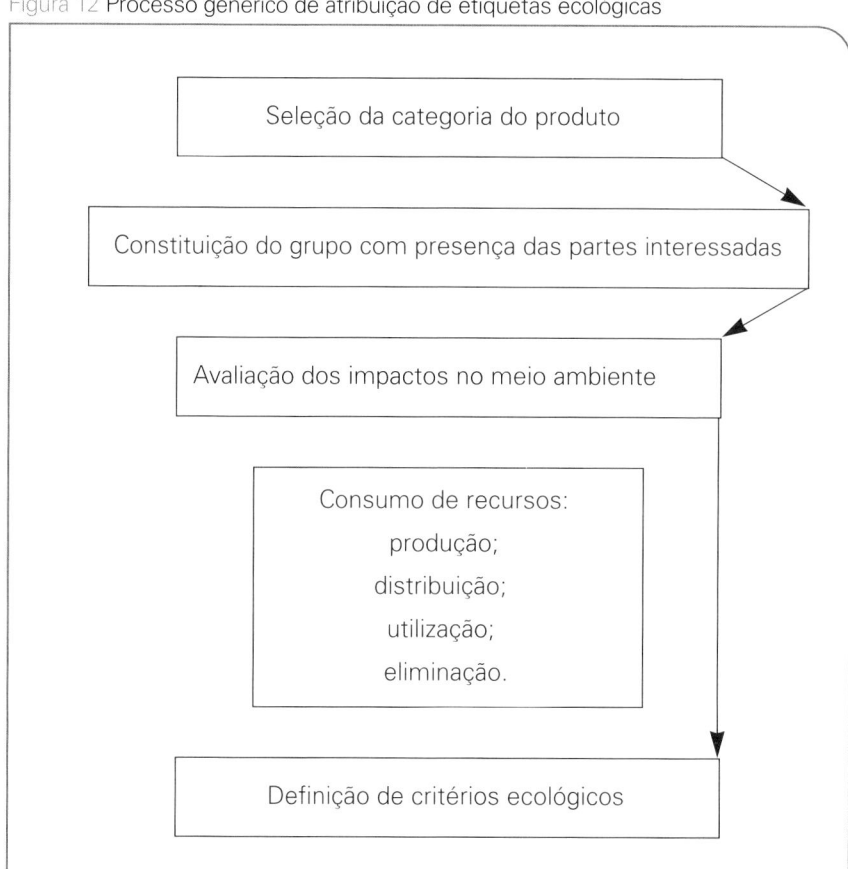

Todo esse processo segue procedimentos rigorosos de modo a conseguir efetuar uma boa análise, e consequente decisão final, que se resumem no esquema a seguir apresentado:

Figura 13 Processo genérico de concessão de etiquetas ecológicas

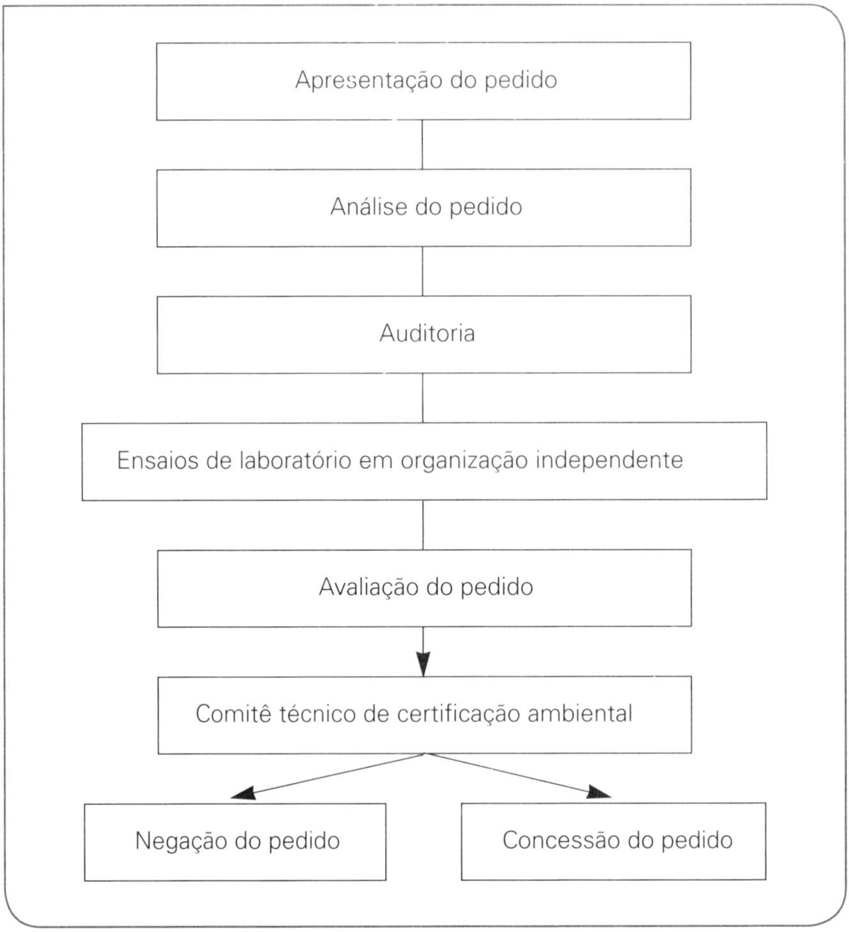

Temos ainda alguns outros exemplos de etiquetas ecológicas que são específicas de determinadas categorias de produtos.

- **Caso especial dos alimentos**

UE

AB França   EKO Holanda

Ⓢbioagri,/77
BIOAGRICERT Itália

Alemanha

- **Caso especial do comércio justo**

Internacional

Alemanha e EUA

- **Caso especial do turismo**

Internacional   Itália   Dinamarca   Suíça   Austrália

Luxemburgo   França   Holanda   Escócia   EUA

- **Caso especial da floresta (não oficiais)**

Forest
Stewardship
Council

Pan
European
Forest
Certification
Council

O logotipo ecológico é um símbolo gráfico que identifica alguma característica do produto ou embalagem e que tem por objetivo uma utilização ou eliminação ambientalmente correta.

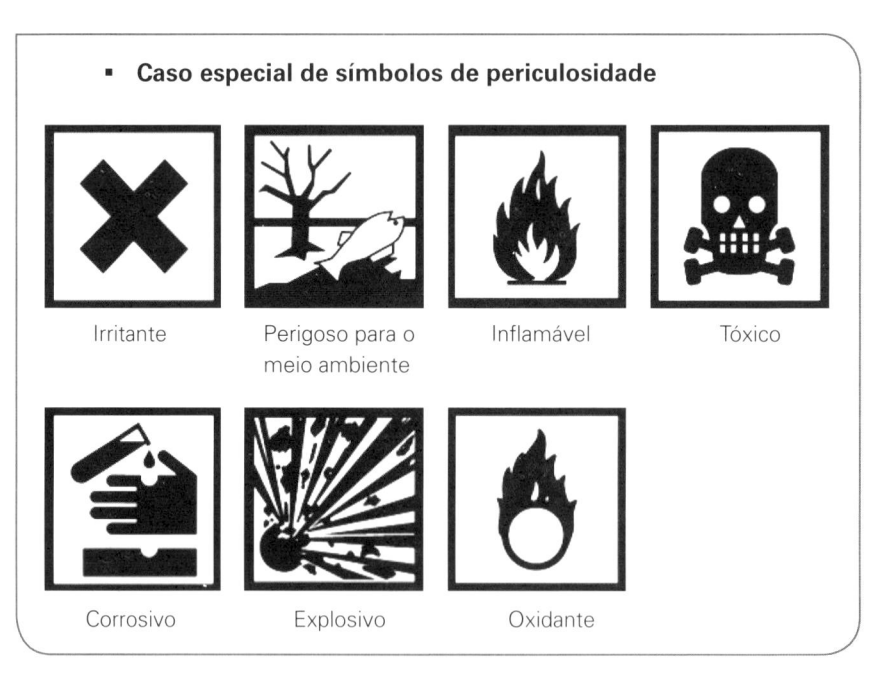

As Etiquetas Ecológicas Tipo II ou Autodeclarações Ecológicas são indicações ambientais que os fabricantes de materiais definem como fundamentais na sua estratégia de marketing, não estando por isso regulamentadas nem verificadas.

Existem as seguintes:

- As que indicam que o produto está feito com material reciclado;
- As que dizem que o produto poderá ser reciclado no final do seu ciclo de vida;
- As que indicam características específicas que interessam ao produtor destacar.

Tal como se pode observar nos exemplos a seguir:

As Etiquetas Ecológicas do Tipo III fornecem informação sobre as características que compõem os produtos baseadas num sistema de verificação independente, por meio de índices predefinidos.

Essas etiquetas comparam informação quantitativa baseada em índices científicos predefinidos, desde o nascimento do produto até sua eliminação (ou seja, durante todo o seu ciclo de vida). São semelhantes às etiquetas de valor nutricional dos alimentos.

Os índices utilizados incidem sobre fatores de esgotamento de recursos e de emissões. Ao compará-los, não se pode declarar a sua superioridade sem classificar por ordem de importância os referidos critérios ou avaliar os seus efeitos locais e globais.

Essa avaliação dos efeitos é a grande controvérsia desse tipo de etiqueta, pois algumas indústrias poderão ganhar ou perder de acordo com a avaliação realizada.

Todos esses tipos de etiquetas ecológicas pretendem de algum modo alcançar o objetivo de identificação e diferenciação, embora de maneira diferente da perspectiva das marcas verdes. Essa situação é agravada com a enorme variedade de etiquetas ecológicas existentes, com a dificuldade de diferenciação entre as oficiais e verificáveis e as não oficiais e ainda com o verdadeiro significado desconhecido.

> Uma identidade de marca ecológica ou verde constitui-se a partir da configuração dos atributos que têm relevância para o impacto ambiental da marca e para a percepção da marca como verde, proporcionando benefícios ao público-alvo a que se dirige e que valorizam estes atributos (Hartmann *et al.*, 2003; Aacker, 2000).

Então, o que falta para as etiquetas ecológicas permitirem essa identificação e diferenciação dos produtos de forma eficaz? O que falta para serem verdadeiras marcas verdes?

As marcas são uma ferramenta fundamental para as empresas se diferenciarem num mercado muito competitivo. A marca, para o marketing, é um nome, termo, sinal, símbolo ou desenho (ou combinação dos mesmos) que pretende identificar os bens e serviços de uma empresa e diferenciá-los dos concorrentes.

Sendo assim, para o marketing verde, a marca verde também terá de ser definida de acordo com os atributos que tenham relevância em termos de impacto ambiental de forma a poder ser percebida como verde (ou ecológica/amiga do ambiente), proporcionando os benefícios específicos que um público-alvo verde procura.

Para que uma marca – seja ela de que tipo for – tenha sucesso na prossecução dos objetivos que a definem, deve ser sempre implementada através de uma política de posicionamento (Ries e Trout, 1982). Tem, realmente, faltado a definição de um posicionamento verde, por parte das empresas, que acompanhe o lançamento da marca verde e ajude a construir atitudes de consumo e/ou compra.

As empresas só conseguirão tirar partido de um efetivo uso das marcas verdes, sejam elas etiquetas ecológicas de que tipo forem, se o fizerem numa perspectiva de estratégia de marketing com a definição de uma política de posicionamento verde nas duas dimensões que a estruturam.

Isso significa que só por meio de um posicionamento funcional e emocional se conseguirá uma identificação e diferenciação da marca verde pelo mercado.

Pensar a política de produto verde:

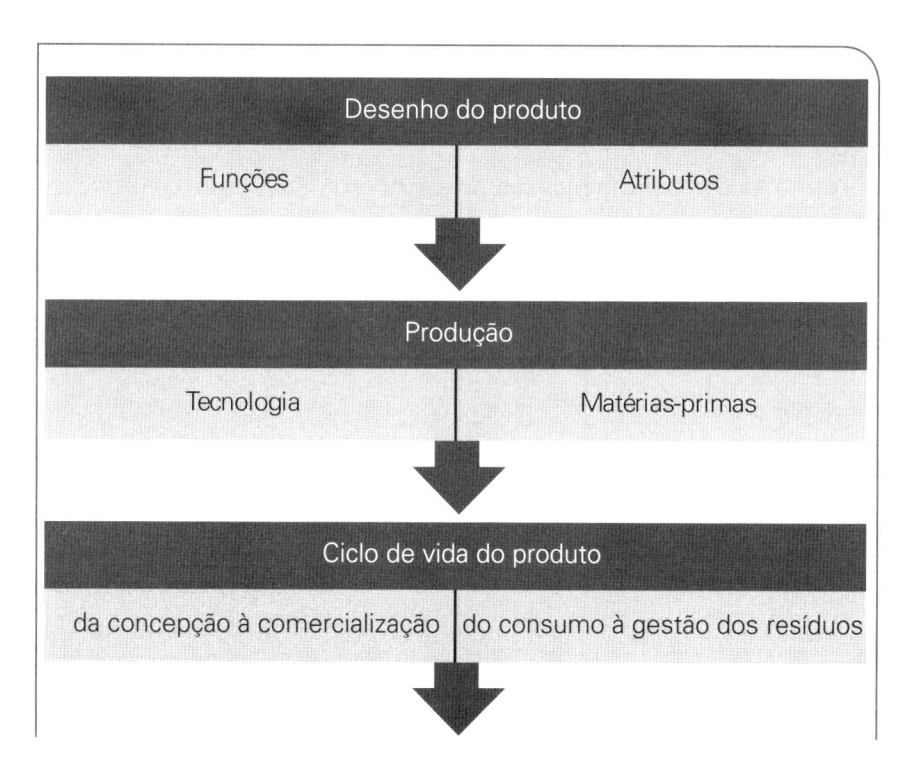

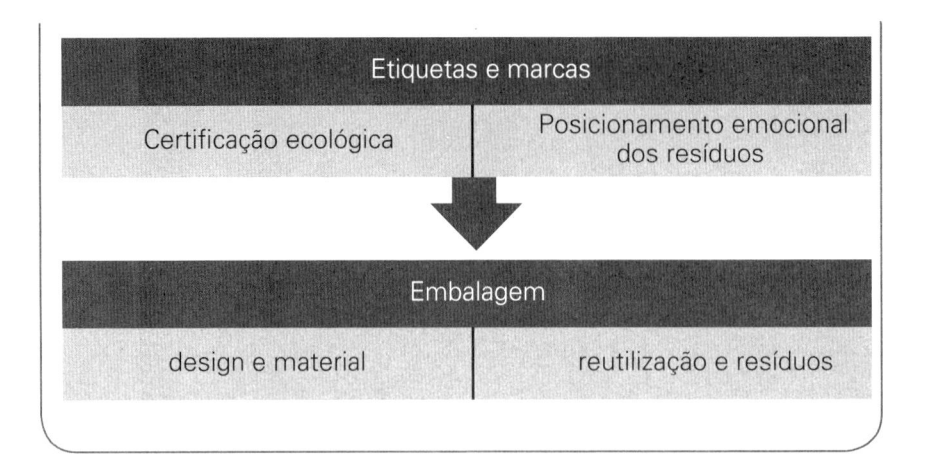

3.4.2 Política de preço

Uma das decisões mais complexas nesse tipo de marketing é a definição de preço a seguir em relação à concorrência. Por um lado, é necessário utilizar uma estratégia de preço superior à da concorrência – ou porque a empresa tem custos maiores provenientes dos custos ambientais ou porque preços inferiores ou semelhantes aos da concorrência podem dar origem a uma imagem de pouca qualidade. Deve-se ter em mente que o preço pode ser uma fonte de informação sobre a qualidade do produto. Nesse sentido, pode haver consumidores que considerem o atributo ecológico um valor somado ao produto e se ele não custa mais é porque sua eficácia ou qualidade técnica é inferior. Por outro lado, preços superiores podem converter-se na principal barreira à compra de produtos verdes. No entanto, tudo parece indicar que o mercado não está disposto a sacrificar-se financeiramente para adquirir um produto ecológico, apesar de haver estudos que digam o contrário. Como tal, o preço pode ser uma das variáveis de segmentação do mercado, apostando numa estratégia de nicho.

Nessa perspectiva, deve-se fixar um preço que reflita a estrutura de custos da empresa (depois de contabilizadas todas as despesas ecológicas derivadas da produção, bem como a margem de lucro pretendida) e que, não deixando de ser competitivo, tenha em conta o preço psicológico que os consumidores desse eventual nicho estejam dispostos a pagar.

Os custos ecológicos

Existem custos ecológicos diretos fáceis de identificar, de contabilizar e de imputar ao cálculo do preço de venda do produto ao consumidor. São custos de matérias-primas, embalagens, energia e recursos utilizados no processo produtivo. Ainda nessa categoria de custos diretos devemos incluir todos os custos suportados pela empresa em relação ao cumprimento legal e ambiental e aos custos associados à adesão da empresa a programas ecológicos.

Os custos indiretos são os que as empresas devem imputar, de acordo com critérios por ela definidos, a despesas efetuadas no campo ambiental, como os de consultoria e fiscalização ambiental. Existem ainda outros custos de imputação mais complexa devido à sua imprevisibilidade, como os custos com a otimização de utilização energética, que mais tarde permitem a diminuição dos custos gerais de produção pelo menor consumo de energia.

Os principais tipos de custos ecológicos que uma empresa poderá considerar apresentam-se no quadro seguinte:

Tipologia de custos ecológicos	
Produto	• Aumento dos custos por introdução de materiais mais ecológicos • Redução de matérias-primas e energia e consequente diminuição de custos • Poupança de custos por diminuição do uso de embalagens • Doações a causas ambientais diretamente relacionadas com a venda do produto

Processos/gestão	• Gasto de capital em processos e tecnologia mais limpos • Gastos ecológicos gerais associados a uma mudança de gestão e a uma comercialização menos danosa para o ambiente • Redução de custos em gastos gerais devido a uma ecoeficiência
Limpeza	• Custos de limpeza depois de acidentes ambientais • Custos de manutenção e planificação de uma equipe de contingência • Custos de seguros associados à responsabilidade ambiental
Ações legais	• Multas por incumprimento legal • Indenizações por perdas de recursos naturais e/ou compensações
Cumprimento de normas	• Cumprimento das normas de padronização e desenho dos produtos • Custos gerais de controle, informação, formação e pesquisa de materiais • Custos de eliminação de resíduos • Custos legais

Fonte: Calomarde (2000).

O valor percebido do produto

Tanto em termos internacionais como nacionais, tem sido usual o consumidor afirmar a sua disposição em pagar mais pelos produtos verdes quando inquirido (Observa, 2001). No entanto, essa tem sido uma das maiores demonstrações do paradoxo do consumo verde, já discutido em capítulos anteriores. Nesse sentido, a sensibilidade ao preço revelada pelo consumidor de produtos verdes é de extrema importância, assim como a sua capacidade de percepção do real valor ambiental do produto.

No caso de um produto ecológico, além de tentar avaliar se o produto detém as características pró-ambientais, o consumidor também procura perceber se, ainda assim, é eficaz no desempenho da sua função. Para isso, irá analisar se o sacrifício no preço compensa os benefícios utilitários e ecológicos.

Todo esse processo é complexo, tal como discutimos no primeiro capítulo, e não existe uma fórmula mágica pela qual as empresas se possam orientar para definir um preço que vá ao encontro das necessidades do mercado. No entanto, tal como no caso do marketing tradicional, o gestor da marca deve definir o preço psicológico e saber de que forma os consumidores percebem o valor do produto verde, não esquecendo a influência dos preços praticados pela concorrência.

A competitividade dos preços

A definição do preço em relação à concorrência tem sempre em vista manter a competitividade do produto, ou seja, que o seu preço de venda não seja alto a ponto de o consumidor mudar a sua decisão de compra. Essa ponderação deve ser sempre feita, pois não devemos esquecer que o produto verde tem características que o diferenciam e que lhe conferem valor reconhecido pelos consumidores-alvo. No entanto, devemos analisar a possibilidade de a concorrência avançar com estratégias de entrada de produtos substitutos, eventuais reduções temporárias de preço (promoções) que lhes acelere as vendas ou, ainda, que desencadeie ações que distorçam a percepção da justeza do preço definido pela empresa.

Estratégias de preço verdes

A definição de estratégias de preço que incluam os custos ambientais é sempre difícil, particularmente em situações em que não existe uma contabilidade analítica organizada para imputar esses custos, pois alguns deles são de difícil identificação. No entanto, existem diferentes estratégias de preço adequadas aos produtos verdes que as empresas poderão adotar (Calomarde, 2000):

1. Produtos de conveniência

Se o bem produzido e comercializado é considerado de conveniência, ou seja, um produto com baixa implicação e pouca diferenciação, o consumidor procurará benefícios básicos e uma qualidade equivalente aos da concorrência. Por isso, as características ambientais são menos valorizadas e o ideal será manter o preço próximo ao da concorrência, utilizando os atributos verdes do produto para o diferenciar.

2. Preços-valor

Quando estamos num segmento de mercado sensível às questões ambientais e dispostos a pagar por essa diferenciação ecológica, então podemos optar por um preço mais elevado que seja função do valor acrescentado à marca num determinado contexto concorrencial (*value-pricing strategies*). É preciso algum cuidado, pois os resultados dos estudos sobre o comportamento de consumo verde alertam-nos para a existência de um paradoxo entre as intenções declaradas dos consumidores e o seu comportamento real.

3. Compra de grandes quantidades

A definição de um preço mais baixo se o produto for adquirido em maior quantidade pode ser uma estratégia eficaz em termos ambientais, pois se os produtos forem comprados em maior quantidade também diminuem os custos de embalagem e até de transporte, e isso vai ao encontro de um comportamento ecológico.

4. Produtos complementares

O preço de produtos que estejam associados à compra de outros tem sido prática ambiental. Associar o preço do produto complementar ao do seu produto líder faz com que os primeiros sejam comercializados com características de reutilização, de mais quantidade ou de reposição, que vão ao encontro dos princípios de ecoeficiência e ecodesenho, que lhes permitem a redução de preço.

5. Preços associados a serviços durante o ciclo de vida do produto

O preço, aqui, abarca uma série de serviços futuros que proporcionam uma forte relação de longo prazo com o fornecedor, estimulando a lealdade dos clientes. Esse tipo de estratégia de preços pode surgir de três formas diferentes:

i. *Preços de garantia sobre toda a vida útil do produto*

   Aplica-se no caso dos produtos com custos operacionais continuados, como seguros, substituição de componentes, utilização de energia etc. Esse tipo de preço procura reduzir esses custos e melhorar o comportamento técnico e ambiental do produto. Existe a desvantagem de esses preços parecerem inicialmente demasiado elevados, mas um cálculo pormenorizado pode mostrar as economias que eles realmente proporcionarão durante toda a vida do produto.

ii. *Preço de produtos reutilizáveis contra os de sem utilidade futura*

   O cálculo dos custos ao longo da vida do produto tornará essa opção mais clara. Em particular, se contarmos os custos das atividades e os produtos associados, além dos específicos de cada uma dessas categorias (custos de produção, recolha, preparação para novo uso e resíduos criados para os produtos reutilizáveis), e os custos de substituição ambientais e de resíduos criados para os produtos sem futura utilidade. Deve-se ainda levar em conta algumas questões específicas que podem fazer com que uma alternativa seja mais ecológica do que outra. Por exemplo, no caso de um hospital, a opção entre lençóis de tecido esterilizado e lençóis descartáveis pode depender dos serviços de lavandaria disponíveis da instituição, o que contraria a informação generalizada de que os desperdícios hospitalares são muito mais prejudiciais ao ambiente do que a utilização de materiais reutilizáveis.

iii. *Preços com recolha do produto*

Essa opção abrange os bens mais duráveis e, apesar de a reco-lha de certos produtos por parte dos fabricantes já ser obriga-tória por lei, como já acontece com alguns eletrodomésticos, não deixa de ser uma escolha que transmite ao mercado a res-ponsabilização dos produtores. O fundamental, aqui, é tentar manter o contato com o cliente, alertando-o de quando deve efetuar uma nova compra, procurando fidelizá-lo. Essa estra-tégia ainda pode ser rentabilizada pela venda, após reparação, dos referidos produtos em outros mercados nacionais ou in-ternacionais a custos muito inferiores.

6. Preços de leasing ou aluguer

Essa forma de venda/compra pressupõe a recolha automática dos produtos, nesses casos com características duradouras, o que traz as vantagens óbvias de centralização de resíduos no fim da vida do pro-duto. Além disso a troca de produto inerente a esse processo de venda/compra, em particular em épocas inovadoras e de rápida obsolescência dos artigos como a nossa, implica uma desmaterialização dos artigos que são utilizados quando são precisos, podendo rentabilizar-se e du-rar mais ao serem utilizados mais vezes durante menos tempo, o que ambientalmente será mais eficiente.

Pensar a política de preço verde:

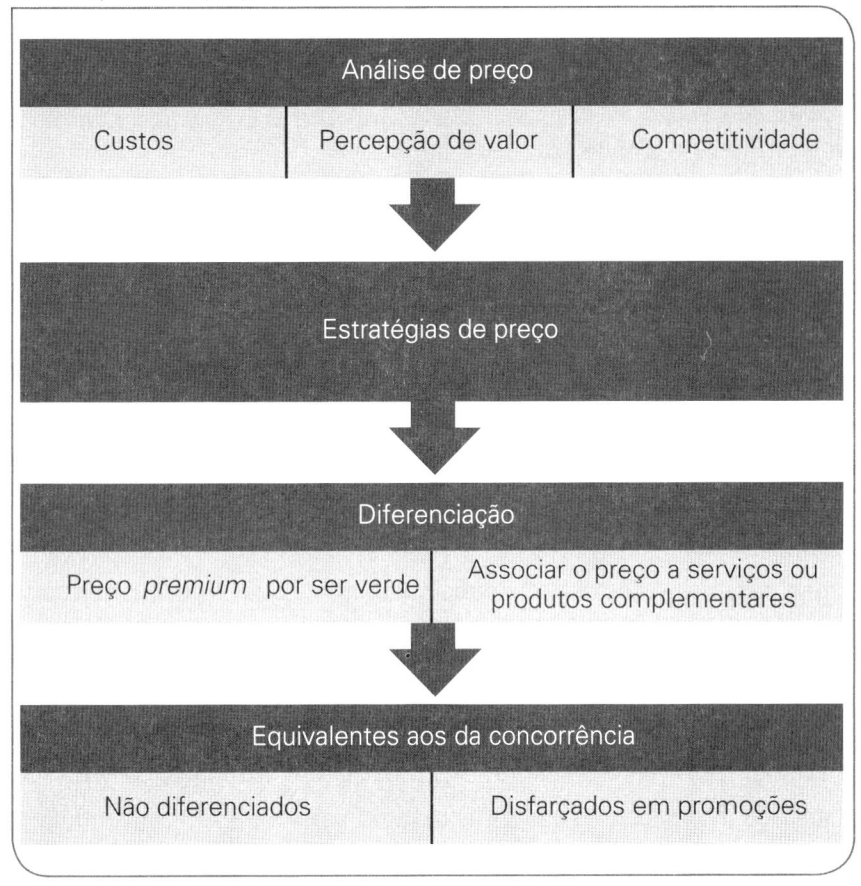

Análise de preço		
Custos	Percepção de valor	Competitividade

Estratégias de preço

Diferenciação	
Preço *premium* por ser verde	Associar o preço a serviços ou produtos complementares

Equivalentes aos da concorrência	
Não diferenciados	Disfarçados em promoções

Política de distribuição

Além de ter de garantir a entrega do produto ao consumidor no lugar certo, no momento oportuno, na quantidade adequada, a um custo aceitável para a empresa e de forma atrativa para o consumidor, a distribuição ambiental deve também:

- Minimizar o consumo de recursos escassos e a produção de resíduos durante a distribuição física do produto (transporte, armazenamento e manuseio).
- Incorporar o impacto ambiental causado como mais uma variável no processo de seleção dos distribuidores.
- Criar um sistema eficiente de distribuição inversa para os resíduos passíveis de reincorporação no sistema produtivo como matéria-prima secundária.

Para conseguir a implementação de uma política de distribuição que procure alcançar os objetivos de proteção e preservação ambiental, devemos, então, preocuparmo-nos em escolher um circuito e canal de distribuição que provoque o mínimo de emissões nocivas, que permita um circuito inverso para reciclagem/reutilização dos produtos e embalagens com o mínimo de custos de acondicionamento e que os pontos de venda sejam o mais ecológicos possível nas suas práticas e procedimentos.

Para isso, deve-se analisar a possibilidade de ter de recorrer a negócios secundários de modo a tornar mais eficaz a reciclagem, reparação e até comercialização dos produtos e embalagens recolhidas, por meio de alianças e integrações estratégicas de modo a garantir ao consumidor o total empenho e preocupação na forma como os produtos lhe chegam, quando e onde desejam e com o menor prejuízo ambiental possível.

A distribuição inversa, ou retrodistribuição, já é obrigatória por lei em alguns setores de atividade, como o da comercialização de eletrodomésticos. No entanto, se for positivo para empresa, inclusive como fonte de matéria-prima para um negócio emergente, a inversão do circuito de distribuição pode ser uma mais-valia. Não deve ser, por isso, encarada como uma recolha de "monos" a que depois não se sabe que destino dar, e sim como um serviço suplementar que se presta ao cliente, uma mais-valia adicional do seu produto, e, porque não, uma mais-valia para o desenvolvimento de uma nova empresa industrial ou comercial que possibilite a diversificação dos negócios, a inovação tecnológica e a entrada em novos mercados.

Todo esse esforço pode e deve contribuir para a diferenciação verde da empresa e, por isso, deve ser comunicado ao mercado e aos diferentes parceiros econômicos de modo a poder ajudar a criar uma imagem sólida e confiável de preocupação ambiental da empresa.

Pensar a política de distribuição verde

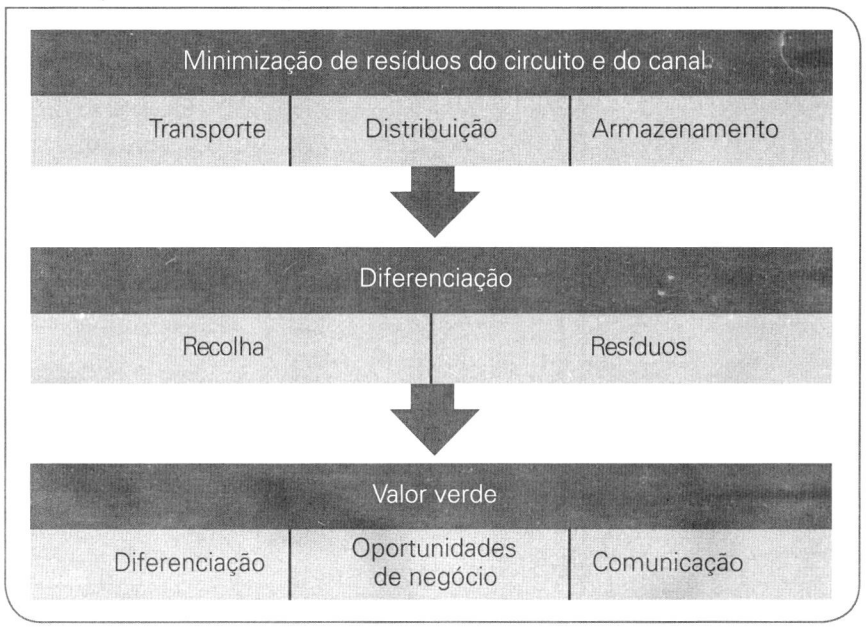

3.4.3 Política de comunicação

Em termos ambientais, a comunicação tem preocupações específicas além das consideradas "normais" no lançamento de um produto. Nesse caso, torna-se necessário esclarecer aos consumidores as características ambientais dos produtos e até ensinar-lhes a adquirir, utilizar e desfazer-se deles e dos seus resíduos de forma mais sustentável. Aqui, a comunicação não é meramente comercial e os seus alvos não são só consumidores, mas também grupos de interesse e parceiros na empresa. Assim, o impacto da comunicação no contexto social em que a empresa se insere poderá trazer também consequências (positivas ou negativas) de acordo com suas afirmações – se elas forem vistas pelos seus diferentes públicos como mais ou menos confiáveis e comprováveis.

A credibilidade da mensagem é um aspecto fulcral da comunicação em termos ambientais. Quando as políticas de comunicação lançadas não são pensadas de forma estratégica visando o médio e o longo prazos, não explicando e comprovando a necessidade de as pessoas mudarem os seus comportamentos e tornarem-nos mais pró-ambientais, não são eficazes.

Quando imprecisas ou incompletas, as campanhas de comunicação de marketing poderão ter graves consequências. De acordo com Polonsky *et al.* (1998), quando isso acontece, os consumidores não serão capazes de diminuir o seu comportamento prejudicial ao ambiente por não saberem quais os produtos menos nocivos.

A comunicação ecológica deve, então, procurar alcançar um duplo objetivo:

- Educar todas as partes interessadas em termos ambientais;
- Contribuir para criar uma imagem de responsabilidade ambiental que permita o reflexo direto ou indireto nas vendas.

Em Portugal, segundo Valente (1999), as campanhas de comunicação têm sido generalistas e o pico do seu lançamento deu-se no Ano Europeu do Ambiente.

Para essa autora, os fracos resultados das campanhas efetuadas têm a sua causa nos contextos de recepção e do receptor. Podemos concluir que a comunicação ambiental levada a cabo em Portugal não tem compreendido bem a forma de pensar do seu alvo de comunicação, que, aliás, "é de memória curta" (Valente, 1999). No entanto, tem-se assistido nos últimos anos a um esforço educativo, desenvolvido não só pelo Estado mas também pelas associações de proteção ambiental, particularmente em termos de reciclagem, já conseguindo perceber algumas alterações de comportamento por parte do consumidor.

Mensagem ambiental

A comunicação que procura informar em termos ambientais tem dificuldade em fazer entender a mensagem de que os benefícios ambientais são algo tangível e de curto prazo, o que faz com que os consumidores adiem suas decisões de alteração de comportamento. Demonstrar a inevitabilidade dessa mudança em termos imediatos é urgente. No entanto, não devemos esquecer que além dessas características temos ainda um rol de informação e imagem a comunicar e que está inerente ao negócio em si.

As mensagens devem conceber-se de modo a serem compreensíveis e de interesse para o consumidor e devem possuir cinco características (Davis, 1993):

- Caráter e qualidade – a mensagem deve mostrar não só o cumprimento das normas legais, mas também satisfazer as necessidades de informação do consumidor.
- Especificidade – identificar e explicar os benefícios específicos do produto e em que se baseia a sua contribuição ambiental; informar com dados concretos, caracterizar o contexto em que se está atuando; definir os termos técnicos; criar impacto.
- Ênfase – definir o equilíbrio entre os benefícios ambientais e os tradicionais proporcionados pelo produto. Quais são os prioritários e quais os secundários? Por vezes os ambientais são considerados secundários na orientação da compra.
- Orientação para o consumidor – o alvo de consumidores a que nos dirigimos afeta a eficácia dos argumentos apresentados; devemos, pois, adaptá-los às características dos receptores da mensagem.
- Credibilidade da origem da informação – a credibilidade da fonte de informação é fundamental, sendo por isso muitas vezes utilizada a certificação/etiqueta ecológica para transmitir confiança.

De forma a tentar transmitir uma mensagem confiável em termos ambientais, podemos enumerar alguns estilos a utilizar:

Tendências	Refletindo sobre a moda de se ser ecológico, afirmando que se está trabalhando por um ambiente melhor ou relacionando o produto com o movimento ambientalista
Emocional	Recorrendo ao humor, sensação de culpabilidade ou temor, autoestima ou confiança
Racional ou econômico	Ligar o preço a uma série de ações ambientais
Saúde	Revelando as vantagens para o nosso organismo pelo consumo desse tipo de produtos
Empresarial	Destacando as ações ecológicas e o bem-estar social da empresa
Testemunhal	Utilizando pessoas famosas ou especialistas que gerem confiança para comunicar os benefícios ambientais do produto
Comparativo	Comparando os benefícios esperados dos produtos ecológicos em relação aos habituais

Mix de comunicação

Devido às especificidades e necessidades que esse tipo de comunicação implica, a melhor forma de desenhar a política operacional de comunicação será a integrada, com todas as variáveis de um mix de comunicação, de modo a conseguir alcançar o objetivo da confiança e da compreensão da informação e da imagem que se transmite.

Eis exemplos do mix de comunicação:

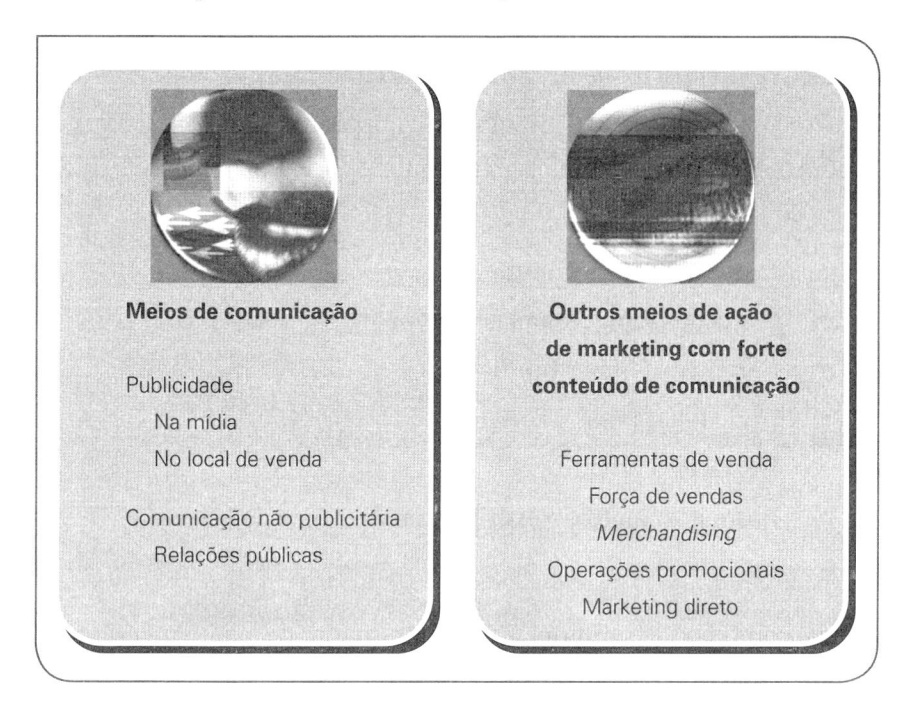

Meios de comunicação	Outros meios de ação de marketing com forte conteúdo de comunicação
Publicidade Na mídia No local de venda Comunicação não publicitária Relações públicas	Ferramentas de venda Força de vendas *Merchandising* Operações promocionais Marketing direto

Algumas questões ligadas aos meios de comunicação, diretos ou indiretos, mais utilizados pelas empresas:

Publicidade

Como variável de comunicação que é, procura influenciar os comportamentos de um público por meio de mensagens nos diferentes meios de comunicação, modificando os conhecimentos, as imagens e as atitudes desse público

Cria rapidamente notoriedade e modela a imagem de um produto a longo prazo.

Promoção

É constituída por um conjunto de técnicas que, de forma complementar à publicidade e à força de vendas, incita o consumidor e o distribuidor a serem mais eficazes ou, pelo menos, mais receptivos aos produtos da empresa. Caracteriza-se por ser um instrumento de persuasão cuja eficácia depende da incorporação de vantagens suplementares (que estimulem alterações de comportamento) com duração limitada no tempo (para incentivar a ação imediata).

Procura provocar ou estimular os comportamentos desejados, tornando-os mais fáceis ou mais gratificantes, por meio das suas técnicas promocionais:

- Experimentação gratuita
- Reduções temporárias de preço
- Prêmios, ofertas e brindes
- Concursos, jogos e sorteios
- Destacar o produto
- Promoção junto do distribuidor e/ou rede de vendas

Merchandising

Tal como no caso anterior, é um instrumento de apoio à venda com grande impacto, já que se encontra intimamente ligado ao ato de compra, despertando e aumentando o interesse nesse ato.

Consiste no conjunto das técnicas utilizadas separada ou conjuntamente pelos distribuidores e pelos produtores com o intuito de aumentar a rentabilidade do local de venda e o escoamento dos produtos por meio de uma adaptação permanente dos aprovisionamentos às necessidades do mercado e da apresentação adequada das mercadorias (Instituto Francês do *Merchandising*).

- Tipo de decisões: implantação dos espaços; estruturação do linear por categorias ou famílias de produtos; determinar o número de *facings*; decoração do espaço de venda; escolha do mobiliário; escolha do material do ponto de venda etc.

Marketing direto

Pode ser definido como um sistema interativo de marketing, que utiliza um ou mais meios publicitários para obter uma resposta mensurável e/ou uma transação comercial em determinado lugar.

- Meios que utiliza: venda em domicílio, por correspondência, televenda, por telefone, *mailing, direct-mail*.

Relações públicas

O seu objetivo não é vender um produto mas delinear uma imagem favorável de uma empresa e melhorá-la se necessário.

Uma política continuada de RP pressupõe objetivos variáveis em função do tempo disponível do alvo das ações e das condicionantes do mercado e do meio envolvente.

É, todavia, possível identificar alguns tipos de objetivos:

- Incrementar a notoriedade.
- Conseguir receptividade e aceitação por parte do poder público, dos fornecedores, das entidades financeiras, em relação às ações da empresa em benefício do desenvolvimento da comunidade e do bem-estar dos cidadãos.
- Estimular os vendedores, distribuidores, prescritores, colaboradores e outros.

De que forma pode informar os seus consumidores?

O tipo de informação a que os consumidores estão mais receptivos depende das suas características, como idade, sexo, nível de escolaridade e de renda. Essa correlação é estabelecida em diferentes estudos na área da comunicação. Por exemplo, podemos utilizar o fator idade para diferenciar os meios de informação:

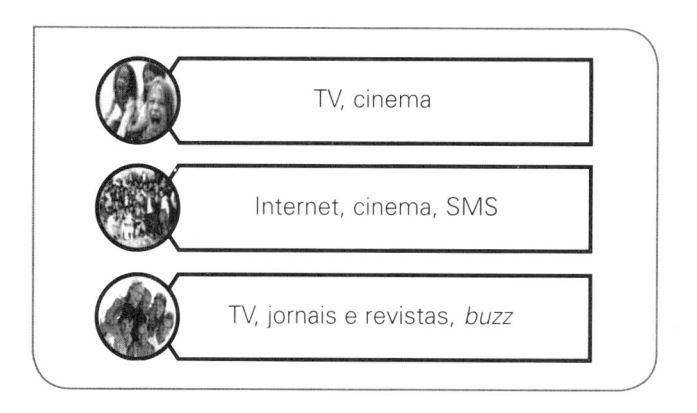

TV, cinema

Internet, cinema, SMS

TV, jornais e revistas, *buzz*

Buzz (boca a boca)

As políticas de comunicação lançadas até hoje – de características generalistas, de objetivos de curto prazo e que espelham uma falta de compreensão do contexto de recepção e do receptor – têm sido substituídas, em termos de eficácia, por um conjunto de comunicação "boca a boca".

O *buzz* teve início nas notícias sobre a problemática ambiental, sobre as pressões de grupos ecológicos e sobre as experiências de consumo (principalmente pela televisão).

Isso acontece porque esse tipo de comunicação é extremamente eficaz quando as decisões de compra implicam um elevado grau de envolvimento e extensão de decisão de compra, o que é o caso dos produtos verdes, por terem um preço superior aos dos "não verdes". Consequentemente, o seu processo de avaliação e de procura de informação é mais intenso e demorado.

Assim, se a fonte de informação for confiável, a força desse tipo de comunicação é muito superior à de um anúncio televisivo comum. Mais de metade dos anúncios de carros, cartões de crédito e produtos para o lar são ignorados pelos espectadores televisivos, em particular se têm TV a cabo. A maior seleção de canais e programas torna o *zapping* mais frequente e intenso, o que elimina a visualização dos *spots*. Daí que os próprios anunciantes estejam utilizando outras formas de comunicação, como o cinema, que é menos dispendioso.

Há quem receie que a vulgarização desse meio de comunicação também o faça perder a eficácia, como aconteceu com o abuso da utilização de *pop-ups* e do marketing via *e-mail*. Mas, por enquanto, ainda é uma prática pouco comum que pode ter resultados muito importantes na mudança de comportamento.

A atual vida agitada, que limita a disponibilidade de procura por informação, associada à desconfiança que os consumidores sentem devido a experiências passadas de comunicação e consumo de produtos supostamente verdes, reforçam o efeito positivo que um líder de opinião ou grupo de referência tem por meio desse *buzz* pró-ambiental. No entanto, é preciso salientar que tal tipo de comunicação não deve ser lançado isoladamente, e sim fazer parte de uma estratégia mais abrangente e completa, de modo a ser, de fato, uma comunicação sustentada.

A questão central à volta dos resultados positivos desse tipo de comunicação prende-se com a escolha de quem vai dar início ao processo de comunicação em cadeia. A sua credibilidade tem de ser enorme.

Como já foi apontado, os meios de comunicação em massa (jornais e televisão) e os grupos ambientalistas têm conseguido transmitir a mensagem de que o consumidor individual tem capacidade de mudança, de que o seu esforço isolado faz diferença, de que as empresas já começam a cumprir a sua parte e que, quando não o fazem, são acusadas de modo a serem punidas, de que o Estado tem apoiado algumas dessas ações punitivas, tem legislado favoravelmente em termos ambientais e até tem demonstrado preocupação com o ambiente nas suas decisões.

Esse conjunto de organismos faz com que o consumidor já pense de forma diferente e acredite que compensa mudar de comportamento. O ideal seria que esses grupos de referência continuassem a desenvolver informação que sustentasse essa alteração de comportamento.

As empresas também devem estabelecer parcerias com os grupos de proteção e preservação do ambiente de modo que estes as auxiliem a melhorar o desempenho sustentável e que, por sua vez, promovam esse comportamento em meio ao público em geral.

Como apontamento final, convém ter sempre presente que a política de comunicação verde não deve ser improvisada, que, pelo contrário, deve resultar de uma reflexão articulada, tendo em conta a mensagem a transmitir e os meios, conforme abaixo representado.

Pensar a política de comunicação verde

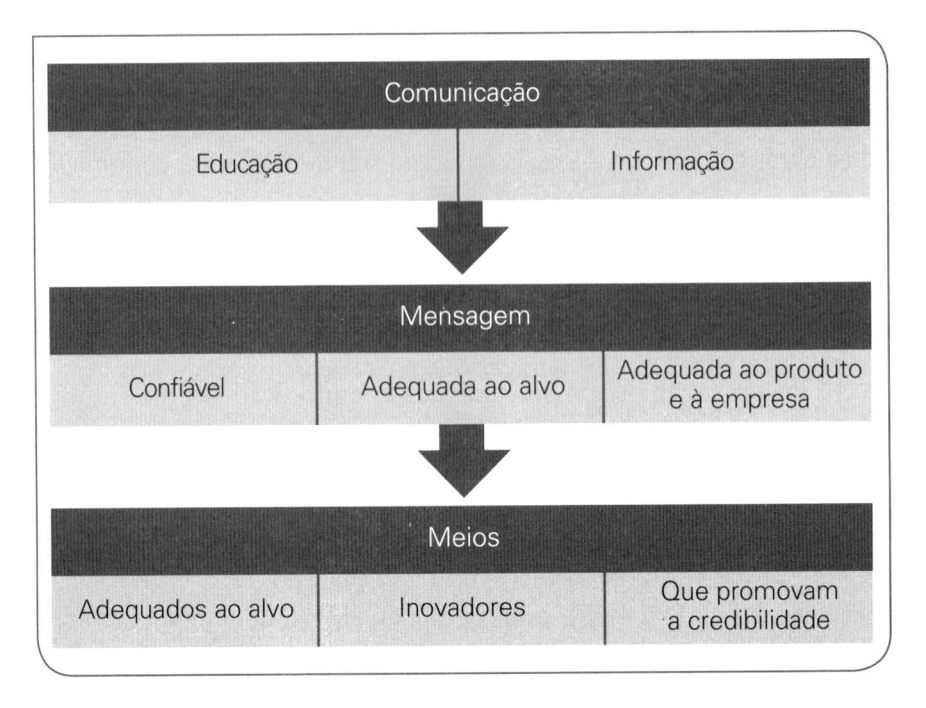

quatro

O plano de marketing estratégico

A busca pela conquista e pela satisfação contínua do cliente/consumidor é o fator que mais contribui para o sucesso e a longevidade das empresas. O plano de marketing assume, assim, uma relevância estratégica determinante na gestão das oportunidades e ameaças concorrenciais:

- Equaciona a posição competitiva no passado e no presente;
- Identifica as melhores oportunidades e abordagens comerciais;
- Estabelece os objetivos e as estratégias futuras para reforçar as vantagens competitivas, sempre na perspectiva de maximizar a satisfação do cliente/consumidor de forma continuada e sustentada;
- Define os meios, atribui responsabilidades e provê os mecanismos de avaliação dos resultados das atividades projetadas.

As empresas que não elaboram um plano de marketing estão muito mais expostas à flutuação das conjunturas de mercado, mais fragilizadas face às investidas da concorrência e distanciam-se progressivamente do pulsar e da evolução do mercado.

O planejamento de marketing deve ser equacionado a dois níveis, o estratégico e o operacional (tático). A diferença entre eles resulta das suas abordagens específicas, dos instrumentos e técnicas utilizadas, dos intervenientes e da sua duração.

Pelo exposto, em termos de estratégias de marketing verde e de políticas de marketing operacionais verdes, tentamos efetuar uma adaptação dos modelos clássicos de planejamento estratégico de marketing, particularmente o de Harvard, que serviu de base ao modelo abaixo apresentado e que pretende ser uma aproximação a um plano de marketing estratégico verde.

Figura14 Plano de marketing estratégico verde

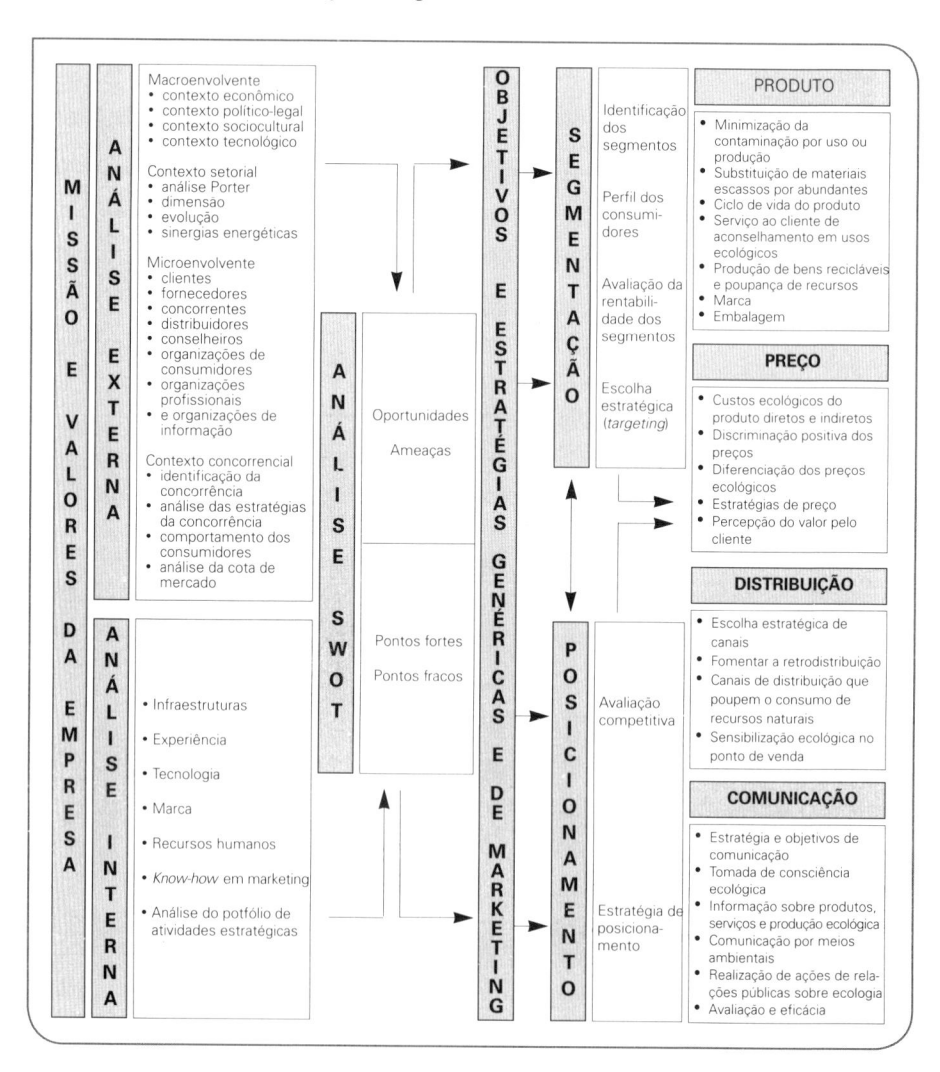

Por meio desse modelo de raciocínio integrado e de análise contextual e transaccional, os gestores de marketing poderão usufruir das vantagens dos métodos tradicionais de marketing aplicados a uma realidade mais ecológica.

Partindo da identificação de uma oportunidade verde estrategicamente relevante para a empresa, por meio do que foi sendo discutido e analisado neste livro, é possível efetuar uma segmentação de mercado verde, posicionarmo-nos com uma marca verde para o alvo escolhido e definir ações operacionais direcionadas e integradas à preocupação abrangente de ser mais ecológico.

> A empresa deve atuar nos segmentos de mercado em que as suas competências distintivas sejam fatores-chave de sucesso
>
> ou
>
> identificar os fatores-chave de sucesso e depois criar competências distintivas a eles relacionadas.

Mais do que explicar as diferentes fases do plano de marketing, tema bastante discutido em outros manuais, convém realçar que também no marketing verde o ponto de partida é sempre o mercado.

Sendo o mercado um conjunto de pessoas, que nesse caso têm como característica homogênea (entre outras, provavelmente) a procura por bens e/ou serviços verdes, a sua evolução é constante, seus desejos e necessidades estão em permanente mutação.

Também aqui o consumidor é eternamente insatisfeito, pois procura sempre por algo mais, redefine constantemente os seus objetivos logo que os alcança.

No entanto, a exigente flexibilidade que as empresas têm de possuir para poder acompanhar a permanente e rápida evolução dos mercados não invalida o desenvolvimento de um planejamento cuidadoso, estruturado à luz das boas práticas da gestão estratégica e operacional de marketing.

Só essa flexibilidade e esse planejamento cuidadoso dará às empresas a sustentabilidade necessária para sobreviverem num contexto cada vez mais turbulento, de forma a cumprirem a função social que os novos tempos exigem e que o marketing verde possibilita.

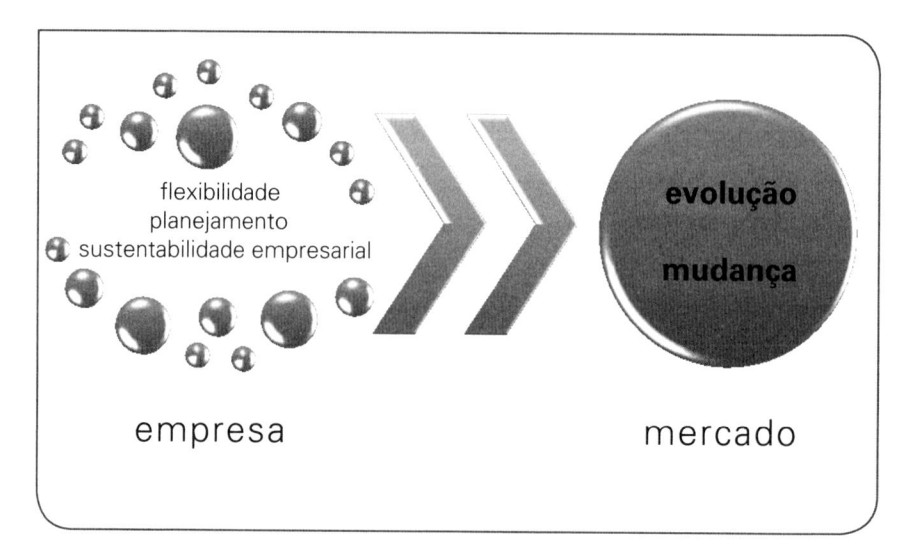

Assim se encerra este livro, no qual se pretendeu retratar, na fase inicial, a evolução do consumidor verde e a influência de suas práticas de consumo no percurso das empresas. Em consequência dessa realidade, o livro avançou para a explicação da evolução do paradigma ecológico no mundo empresarial. O terceiro capítulo pretendeu explicar o que é o **marketing verde**, debruçando-se sobre o histórico do conceito e a sua aplicabilidade estratégica e operacional, terminando com um possível modelo de análise no último capítulo.

Recordemos, contudo, que o **marketing verde** não é uma panaceia que ajuda a aumentar as vendas. É apenas uma ferramenta de gestão cuja filosofia defende que os gestores de marketing devem também ser parte de um esforço coletivo que visa deixar um planeta mais saudável às gerações vindouras.

Referências bibliográficas

AAKER, David (2000) – *Como construir marcas líderes*. São Paulo: Futura.

ADRIAN, Mitchell e DUPRE, Kenneth (1994) – "The environmental movement: a status report and implications for pricing". S.A.M. *Advanced Management Journal*, vol. 59, pp. 35-43.

AFONSO, Carolina (2010) – *Green target: as novas tendências do marketing*. Lisboa: Smartbook.

AHMED, P. K. e SIMINTIRAS, A. C. (1994) – "Green marketing orientation: relationships and structures", *Proceedings of the 1994 Annual Conference Marketing Education Group (MEG)*, "Marketing: Unity in Diversity". University of Ulster.

AJZEN, I. (1985) – "From intentions to actions: a theory of planned behaviour", *Action Control: From Cognition to Behaviour*, editado por KUHL, J. e BECKMANN, J. Heidelberg, Alemanha.

AJZEN, I. e FISHBEIN, M. (1977) – "Attitude-behavior relations: a theoretical analysis and review of empirical research". *Psychological Bulletin*, 84, pp. 888-918.

AJZEN, I. e FISHBEIN, M. (1980) – "Understanding attitudes and predicting social behavior". Nova Iorque: Prentice-Hall.

ALAMINOS e WAIT (2007) –"Politica de produtos integrada", VI Congresso Nacional del Medio Ambiente.

ALLEN, Chris (1982) –"Self-perception based strategies for stimulating energy conservation". *Journal of Consumer Research*, vol. 8, pp. 381-390.

BAGOZZI, Richard P. (1988) –"The rebirth of attitude research in marketing". *Journal of Market Research Society*, vol. 30 (2), pp. 163-193.

BAGOZZI, Richard P. (1992) –"The self-regulation of attitudes intuitions and behaviour". *Social Psycology Quartely*, vol. 55 (2), pp. 178-204.

BAGOZZI, Richard P. (1993) –"On the neglect of volition in consumer research: a critique and proposal". *Psychology & Marketing*, vol. 10 (3), pp. 215-237.

BAGOZZI, Richard P. (1996) – "The role of arousal in the creation and control of the halo effect in attitude models". *Psychology & Marketing*, vol. 13(3), pp. 235-264.

BAGOZZI, Richard P. e DABHOLKAR, Pratibha A., (1994) –"Consumer recycling goals and their effect on decisions to recycle: a means-end chain analysis". *Psychology & Marketing*, vol. 11(4), pp. 313-340.

BAGOZZI, Richard P. e DABHOLKAR, Pratibha A. (2000) – "Discursive psychology: an alternative conceptual foundation to means-end chain theory". *Psychology & Marketing*, vol. 17, pp. 535-582.

BAGOZZI, Richard P. e DHOLAKIA, Utpal (1999) –"Goal setting and goal striving in consumer behavior", *Journal of Marketing*, Special Issue, 63, pp. 19-32.

BAGOZZI, Richard P. e WARSHAW, P. R. (1990) –"Trying to consume". *Journal of Consumer Research*, vol. 17, pp. 127-140.

BAGOZZI, Richard P., DAVIS, Fred D. e WARSHAW, Paul R. (1992) – "Development and test of a theory of technological learning and usage". *Human Relations*, vol. 45, pp. 659-665.

BAGOZZI, Richard P., GOPINATH, Mahesh e NYER, Prashanth U. (1999) – "The role of emotions in marketing". *Journal of the Academy of Marketing Science*, vol. 27, pp. 184-206.

BALDERJAHN, Ingo (1988) – "Personality variables and environmental attitudes as predictors of ecologically responsible consumption patterns". *Journal of Business Research*, n. 17, pp. 51-56.

BANERJEE, Subhabrata, GULAS, Charles S. e IYER, Easwar (1995) – "Shades of green: a multidimensional analysis of environmental advertising". *Journal of Advertising*, vol. 24, pp. 21-29.

BECKER, Boris W. (1998) – "Values in advertising research: a methodological caveat". *Journal of Advertising Research*, vol. 38, pp. 57-60.

BECKMANN, Suzanne C. (2002) – "OKO foods revisited: Danish consumers' demand for organic food at the turn of the century". *Proceedings of the 31ʰ EMAC Conference*, "Marketing in a changing world: scope, opportunities and challenges", editado por FARHANG-MEHR, Minoo (2002). Portugal: Universidade do Minho.

BECKMANN, Suzanne C. e KILBOURNE, William (1997) – "The interplay between the DSP and value systems: influences on Danish business student's environmental concern". *Working paper of the Research Group* "Consumption, Environment and Culture", n.4, julho, Copenhagen Business School, pp.1-36.

BECKMANN, Suzanne C., KILBOURNE, William, DAM, Ynte e PARDO, Mercedes (1997b) – "Anthropocentrism, value systems and environmental attitudes: a multi-national comparison". *Working paper of the Research Group* "Consumption, Environment and Culture", n. 10, nov., Copenhagen Business School, pp. 1-31.

BECKMANN, Suzanne C., KILBOURNE, William, LEWIS, Alan e DAM, Ynte (1997a) – "Differences in environmental attitudes of business and economic students: a multi-national examination of the role of the Dominant Social Paradigm". *Working paper of the Research Group* "Consumption, Environment and Culture", n. 5, julho, Copenhagen Business School, pp. 1-42.

BECKMANN, Suzanne C., KILBOURNE, William, THELEN, Eva, BOTSCHEN, Martin, BOTSCHEN, Gunter e CARLSEN, Jack (1998) – "Socio-economic dimensions of the DSP: a multi-national comparison of their role in environmental concern". *Working paper of the Research Group* "Consumption, Environment and Culture", n. 5, maio, Copenhagen Business School, pp.1-32.

BEETS, Douglas e SOUTHER, Christopher C., (1999) – "Corporate environmental reports: the need for standards and na environmental assurance service". *Accounting Horizons*, vol. 13, pp. 129-145.

BERGER, Ida E. e CORBIN, Ruth M. (1992) – "Perceived consumer effectiveness and faith in others as moderators of environmentally responsible behaviors". *Journal of Public Policy & Marketing*, vol. 11 (Fall), pp. 79-90.

BETTMAN, James R., LUCE, Mary Frances e PAYNE, John W. (1998) – "Constructive consumer choice processes". *Journal of Consumer Research*, vol. 25, pp. 187-217.

BHATE, Seema (2002) – "One world, one environment, one vision: are we close to achieving this? An exploratory study of consumer environmental behaviour across three countries". *Journal of Consumer Behaviour*, vol. 2, pp. 169-184.

BONINI, Sheila e OPPENHE IM, Jeremy (2008) – "Cultivating the green consumer". *Stanford Social Innovation Review*, vol. 6(4), p. 56.

BOSTON CONSULTING GROUP (BCG) (2008) – "Global Green Consumer Survey".

BOWLER, Perter A., KAISER, Florian G. e HARTIG, Terry (1999) –"A role for ecological restoration work in university environmental education". *Journal of Environmental Education*, vol. 30(4), pp. 19-30.

BROWN, Joseph e WAHLERS, Russell G. (1998) –"The environmentally concerned consumer: an exploratory study". *Journal of Marketing Theory and Practice*, Spring 1998, pp. 39-47.

BURGALETA, José Calomarde (1994) – "Influencia de los factores ambientales culturales y socials en la decision de compra de bienes de consumo". Tese de Doutoramento, Universidade de Alcalá de Henares, Madrid, Espanha.

CAETANO, Joaquim, SOARES, Marta, DIAS, Rosa, JOAQUIM, Rui e GOUVEIA, Tiago Robalo (2008) – "Marketing ambiental". Lisboa: Plátano Editora.

CAETANO, Joaquim e GOUVEIA, Tiago Robalo (2009) – "Marketing Ambiental – Casos de Estudo em Portugal". Lisboa: Plátano Editora. CALOMARDE, José V. (2000) – *Marketing ecologico*. Madrid: Ed. Priâmide/ESIC Editorial.

CARLSON, Les, GROVE, Stephen J. e KANGUN, Norman (1993) – "A content analysis of environmental advertising claims: a matrix method approach". *Journal of Advertising*, vol. 22, pp. 27-31.

CARRIGAN, Marylyn e ATTALLA, Ahmad (2001) – "The myth of the ethical consumer – do ethics matter in purchase behaviour?". *The Journal of Consumer Marketing*, vol. 18, pp. 560-577.

CHAN, Ricky (1999) – "Environmental attitudes and behavior of consumers in China: survey findings and implications". *Journal of International Consumer Marketing*, vol. 11, pp. 25-52.

CHAN, Ricky Y. K. e LAU, Lorett B. Y. (2000) – "Antecedents of green purchases: a survey in China". *The Journal of Consumer Marketing*, vol. 17, pp. 338-357.

CHAN, T. S. (1996) – "Concerns for environmental issues and consumer purchase preferences: a two-country study". *Journal of International Consumer Marketing*, vol. 9, pp. 43-55.

CHUMPITAZ, Ruben e KESTEMONT, Marie-Paule (1997) – "Consumers' perception of the environmental issue: a challenge for the green european marketer". *Proceedings of the 26th EMAC Conference*, "Marketing: progress / prospects / perspectives", editado pela Warwick Business School, Reino Unido.

CODDINGTON, W. (1993) –"Environmental marketing: positive strategies for reaching the green consumer". Nova Iorque: McGraw-Hill.

CORNWELL, T. Bettina e SCHWEPCKER Jr., Charlee H. (1997) –"Ecologically concerned consumers and their product purchases". *Environmental marketing – strategies, practice, theory and research* editado por POLONSKY, Michael Jay e MINTU-WIMSATT, Alma (1997), Reino Unido: Haworth Press.

CRANE, Andrew (1999) – "Marketing and the natural environment: what role for morality?" *Macromarketing and twenty-first century challenges* – 24th Annual Macromarketing Conference, editado por KLEIN, Thomas, MCDONAGH, Pierre, PROTHERO, Andrea e MINELSTAEDT, Robert (1999), University of Nebraska.

D'SOUZA, C., TAGHIAN, Medhi e KHOSLA, Rajiv (2007) –"Examination of environmental belifs and its impact on the influence of price, quality and demographic characteristics with respect to green purchase intention". *Journal of Targeting, Measurement and Analysis for Marketing,* vol. 15(2), pp. 69-79.

D'SOUZA, C., TAGHIAN, Medhi, LAMB, Peter e PERETIATKOS, Roman (2006) "Green products and corporate strategy: an empirical investigation". *Society and Business Review*s, vol. 1(2), pp. 144.

D'SOUZA, C. (2004) –"Eco-labels programmes: a stakeholder (consumer) perspective". *Consumer Communications,* vol. 9(8), pp. 179-188.

DAVIS, Joel (1993) –"Strategies for environmental advertising". *Journal of Consumer Marketing,* vol. 10, n. 2, pp. 19-36.

DAVIES, Janette, FOXALL, Gordon R. e PALLISTER, John (2002) – "Beyond the intention-behavior mythology: an integrated model of recycling". *Marketing Theory,* vol. 2(1), pp. 29-113.

DE PELSMACKER, Patrick, JANSSENS, Wim e GEUENS, Maggie (2002) – "Environmentally friendly behaviour with respect to air pollution: the role of environmental knowledge, concern and perceived behavioural control". *Proceedings of the 31th EMAC Conferen-*

ce, "Marketing in a changing world: scope, opportunities and challenges", editado por FARHANGMEHR, Minoo (2002), Universidade do Minho, Portugal.

DERBAIX, Christian e ABEELE, Piet Vanden (1985) – "Consumer inferences and consumer preferences. The status of cognition and consciousness in consumer behaviour theory". *European Perspectives on Consumer Behaviour,* editado por LAMBKIN, Mary, FOXALL, Gordon, RAAIJ, Fred van, Reino Unido: Prentice-Hall.

DIAMANTOPOLOUS, Admanantios, SCHLEGELMILCH, Bodo B., SINKOVICS, Rudolf R. e BOHLEN, Greg M. (2003) – "Can socio--demographics still play a role in profiling green consumers? A review of the evidence and an empirical investigation". *Journal of Business Research*, vol. 56, pp. 465.

DIAS, Reinaldo (2006) – "Gestão ambiental: responsabilidade social e sustentabilidade". São Paulo: Atlas.

DIAS, Reinaldo (2007) – "Marketing ambiental: ética, responsabilidade social e competitividade nos negócios". São Paulo: Atlas.

DITCHER, Ernest (1985) – "How values influence attitudes". *Personal Values and Consumer Psycology*, editado por PITTS, Robert E., WOODSIDE, Arch G. (1985), Canadá: Lexiton Books.

DOLAN, Paddy (1999) – "The possibility of sustainable consumption: conceptual, empirical and praxis consideration". *Macromarketing and twenty-first century challenges – 24th Annual Macromarketing Conference*, editado por KLEIN, Thomas, MCDONAGH, Pierre, PROTHERO, Andrea e MINELSTAEDT, Robert, University of Nebraska.

DUNLAP, Riley E. e VAN LIERE, Kent D. (1978) – "The new environmental paradigm". *Journal of Environmental Education*, vol. 9, n. 4, pp. 10-19.

DUNLAP, Riley E. e VAN LIERE, Kent D. (1984) – "Commitment to the dominant social paradigm". *Social Science Quartely*, Vol. 65, n.4, pp. 1013-1028.

DURGEE, Jeffrey F., O'CONNOR, Gina Colarelli e VERYZER, Robert (1996) – "Observations: translating values into product wants". *Journal of Advertising Research*, nov./dez.

ECKERSLEY, Robyn (1992) – "Environmentalism and political theory – toward an ecocentric approach". Nova Iorque: State University of New York Press.

EGRI, Carolyn P. e HERMAN, Susan (2000) – "Leadership in the North American environmental sector: values, leadership, styles and contexts of environmental leaders and their organizations". *Academy of Management Journal*, vol. 43(8), pp. 571-604.

ELKINGTON, J. (1994) – "Toward the sustainable corporation: win--win-win business strategies for sustainable development". *California Management Review*, vol. 36, n. 2, pp. 90-100.

FAZIO, Russell e ZANNA, Mark (1978) – "Attitude qualities relating to strength of the attitude-behavior relationship". *Journal of Experimental Social Psychology*, vol. 14, pp. 398-408.

FEATHER, N. T. (1995) – "Values, valences and choice: the influence of values on the perceived attractiveness and choice of alternatives". *Journal of Personality and Social Psychology*, vol. 68(6), pp. 1135-1151.

FISHBEIN, M. e AJZEN, I. (1975) – "Belief, attitude, intention and behaviour: an introduction to theory and research". Reading: Addison-Wesley.

FISK, George (1973) – "Criteria for a theory of reasonable consumption". *Journal of Marketing*, vol. 37, pp. 24-31.

FISK, George (1974) – "Marketing and the ecological crisis". Nova Iorque: Harper and Rowe Publishers.

FOXALL, Gordon R. (1993) – "Consumer behaviour as an evolutionary process". *European Journal of Marketing*, vol. 27, pp. 46-57.

FOXALL, Gordon R. (1997) – "Marketing psychology". Reino Unido: Macmillan-Press.

FOXALL, Gordon R. e GREENLEY, G. (1997) – "Situational determinants of consumer behaviour". *Research Paper Series*, Aston Business School Research Institute, jun. 1997.

FRAJ-ANDRÉS, Elena, MARTINEZ-SALINAS, MATUTE-VALLEJO, Eva e Jorge (2009) – "A multidimensional approach to the influence of environmental marketing and orientation on the firm's organizational performance", *Journal of Business Ethics*, vol. 88, pp. 263-286.

GENGLER, Charles E., KLENOSKY, David B. e MULVEY, Michael S. (1995) – "Improving the graphic representation of means-end results". *International Journal of Research in Marketing*, vol. 12, pp. 245-256.

GENGLER, Charles E. MULVEY, Michael S. e OGLETHORPE, Janet E. (1999) – "A means-end analysis of mother's feeding choices". *Journal of Public Policy & Marketing*, vol. 18, pp. 178-188.

GENGLER, Charles E., REYNOLDS, Thomas (1995) – "Consumer understanding and advertising strategy: analysis and strategic translation of laddering data". *Journal of Advertising Research*, jul./ago., pp. 19-33.

GIANNELLONI, Jean-Luc (1995) – "The combined effect of age, level of education and personal values on the attitude towards protection of the environment". *Proccedings of the 24th European Marketing*, "Marketing today and for the 21th century", editado pela École Supérieure des Sciences Économiques et Commerciales, França.

GRANZIN, Kent L. e OLSEN, Janeen E. (1991) – "Characterising participants in activities protecting the environment: a focus on donating, recycling and conservation behaviours". *Journal of Public Policy and Marketing*, vol. 10 (Fall), pp. 1-27.

GRUNERT, S. C. e ROHME, N. (1992) – "Consumers' environmental concern: are we really tapping true concern that relates to environmentally ethic behaviour?". Tóquio: ESOMAR.

GRUNERT, Suzanne (1993) – "Everybody seems concerned about the environment but is this concern reflected in (Danish) consumer's food choice?". *European Advances in Consumer Research*, vol. 1, pp. 428-433.

GRUNERT, Suzanne e JUHL, Hans Jorn (1995) – "Values, environmental attitudes, and buying of organic foods". *Journal of Economic Psychology*, vol. 16(1), pp. 39-62.

GRUNERT, Suzanne C e MULLER, Thomas E (1996) – "Measuring values in international settings: are respondents thinking 'real' life of 'ideal' life?", *Journal of International Consumer Marketing*, 8; 3-4, pp. 169-180.

GRUNERT-BECKMANN, Suzanne e KILBOURNE, W. (1997) – "The dominat social paradigm, value systems and environmental concern: examining the human triad's (in)compatibilities". *22th Macromarketing Conference*, editado por FALKENBERG, A. e RITTENBURG, T., Noruega, pp. 14-17.

GUAGNANO, Greogory, STERN, Paul e DIETZ, Thomas (1995) – "Influences on attitude-behavior relationships – a natural experiment with curbside recycling". *Environment and Behavior*, vol. 27 (5), set., pp. 699-718.

GURAU, Calin e RANCHHOD, Ashok (2005) – "International green marketing: A comparative study of British and Romanian firms". *International Marketing Review*, vol. 22, n. 5, pp. 547-561.

HAILES, Julia (1998) – "Understanding the green consumer". Notes from a presentation at the International Symposium on Consumption and the Environment, 26/2/98. Tóquio, Japão.

HART, Stuart L. (1997) – "Beyond greening: strategies for a sustainable world". *Harvard Business Review*, jan./fev., pp. 67-76.

HART, Stuart L. e MILSTEIN, Mark B. (1999) – "Global sustainability and the creative destruction of industries". *Sloan Management Review*, vol. 41 (Fall), pp. 23-33.

HARTMANN, Patrick e IBANEZ, Vanessa Apaolaz (2006) – "Green value added". *Marketing Intelligence & Planning*, vol. 24, n.7, pp. 673-680.

HARTMANN, Patrick, SAINZ, F. Javier Forcada e IBANEZ, Vanessa Apaolaz (2003) – "Superando los limites medioambientales de la empresa: un estudio experimental del efecto del posicionamiento ecológico en la actitud hacia la marca". *Cuadernos de Gestión*, vol. 4, n.º 1, pp. 83-95.

HARTMANN, Cathy L. e STAFFORD, Edwin (1998) – "Crafting enviropreneurial value chain startegies through green alliances". *Business Horizons*, 41, pp. 67-72.

HERBERGER, Roy A. and BUCHANAN Dodds, I. (1971) – "The impact of concern for ecological factors on consumer attitudes and buying behaviour". *Combined Proceedings, Spring and Fall Conference*, American Marketing Association, pp. 644-646.

HENNION, Karl e KINNEAR, Thomas (1976) – "Ecological Marketing". American Association, Columbus, Ohio.

HOMER, Pamela e KAHLE, Lynn R. (1988) – "A structural equation test of the values-attitude-behavior hierarchy". *Journal of Personality and Social Psychology*, vol. 54(4), pp. 638-646.

HOPPER, Joseph R. e NIELSEN, Joyce McCarl (1991) – "Recycling as altruistic behavior: normative and behavioral strategies to expand participation in a community recycling program". *Environment and Behavior*, vol. 23(2), pp. 195-220.

HOUSTON, Mark B. e WALKER, Beth A., (1996) – "Self-relevance and purchase goals: mapping a consumer decision". *Journal of the Academy of Marketing Science*, vol. 24, pp. 232-248.

INIESTA, M. Angeles, SANCHEZ, Raquel e GAZQUEZ, J. Carlos (2002) – "The European consumer perception on food product safety". *Proceedings of the 31th EMAC Conference*, "Marketing in a changing world: scope, opportunities and challenges", editado por FARHANGMEHR, Minoo, Universidade do Minho, Portugal.

IYER, Gopalkrishnan R. (1999) –"Business, consumers and sustainable living in na interconnected world: a multilateral ecocentric approach". *Journal of Business Ethics*, vol. 20, pp. 273-288.

JENNINGS, P. Deveraux e ZANDBERGEN, Paul A. (1995) –"Ecologically sustainable organizations: an institucional approach". *The Academy of Management Review*, vol. 20(10), pp. 1015-1027.

JOSEPH, Sigrid e PRAS, Bernard (1997) –"Factors influenciating consumers' changes of values". *Proceedings of the 26th EMAC Conference*, "Marketing: progress / prospects / perspectives", editado por Warmick Business School, Reino Unido.

KAHLE, Lynn (1983) –"Social values and social change: adaptation to life in America". Nova Iorque: Praeger.

KAHLE, Lynn R., BEATTY, Sharon E. e HOMER, Pamela (1986) –"Alternative measurement approaches to consumer values: the list of values (LOV) and values and life style ('VALS')". *Journal of Consumer Research*, vol. 13(12), pp. 405-411.

KAISER, Florian G. (1998) – "A general measure of ecological behavior". *Journal of Applied Social Psychology*, vol. 28(5), pp. 395-422.

KAISER, Florian G. e WILSON, Mark (2000) –"Assessing people's general ecological behavior: a cross-cultural measure". *Journal of Applied Social Psychology*, vol. 30(5), pp. 952-978.

KALAFATIS, Stavros, POLLARD, Michael, EAST, Robert e TSOGAS, Markos H. (1999) –"Green marketing and Ajzen's theory of planned behaviour: a cross-market examination". *The Journal of Consumer Marketing*, vol. 16, pp. 441-460.

KAMAKURA, Wagner A. e NOVAK, Thomas P. (1992) –"Value-system segmentation: exploring the meaning of LOV". *Journal of Consumer Research*, vol. 19(6), pp. 119-132.

KANGUN, Norman, CARLSON, Les e GROVE, Stephen (1991) –"Environmental advertising claims: a preliminary investigation". *Journal of Public Policy and Marketing*, vol. 12, pp. 47-58.

KARP, David Gutierrez (1996) – "Values and their effect on pro-environmental behavior". *Environment and Behavior*, vol. 28(1), pp. 111-133.

KASSARJIAN, Harold H. (1971) – "Incorporating ecology into marketing strategy: the case of air pollution". *Journal of Marketing*, vol. 35, pp. 61-65.

KILBOURNE, William e BECKMANN, Suzanne (1998) – "Review and critical assessment of research on marketing and the environment". *Journal of Marketing Management*, vol. 14(6), pp. 513-532.

KILBOURNE, William E. (1995) – "Green advertising: salvation or oxymoron?". *Journal of Advertising*, vol. 24(8), pp. 7-24.

KILBOURNE, William E. (1999) – "Contested rationalities and the ecological crisis". *Macromarketing and twenty-first century challenges –* 24th Annual Macromarketing Conference, editado por KLEIN, Thomas, MCDONAGH, Pierre, PROTHERO, Andrea e MINELSTAEDT, Robert (1999), University of Nebraska.

KILBOURNE, William E. (2000) – "The myth of green marketing: tending our goats at the edge of apocalypse". *Journal of Macromarketing*, vol. 20(1), pp. 103-109.

KILBOURNE, William E. e ALSEM, Karel Jan (1997) – "Environmental attitudes and marketing: attitudes of business students in the Netherlands". *Proceedings of the 26th EMAC Conference*, "Marketing: progress / prospects / perspectives", editado por Warmick Business School, Reino Unido.

KILBOURNE, William, BECKMANN, Suzanne, LEWIS, Alan e VAN DAM, Ynte (1997a) – "Differences in environmental attitudes of business and economics students: a multi-national examination of the role of the Dominant Social Paradigm". *Working paper of the Research Group* "Consumption, Environment and Culture", n. 5, julho, Copenhagen Business School, pp. 1-28.

KILBOURNE, William; MCDONAGH, Pierre e PROTHERO, Andrea (1997b) –"Sustainable consumption and the quality of life: a macromarketing challange to the dominant social paradigm". *Journal of Macromarketing*, spring 1997, pp. 4-24.

KINNEAR, Thomas C. e TAYLOR, James R. (1973) –"The effect of ecological concern on brand perceptions. *Journal of Marketing Research*, vol. X, pp. 191-197.

KINNEAR, Thomas C., TAYLOR, James R. e AHMED, Sadrudin A. (1974) –"Ecologically concerned consumers: who are they?", *Journal of Marketing*, vol. 38, pp. 20-24.

KLINTMAN, Mikael (2009) – "Participation in green consumer policies: deliberative democracy under wrong conditions?", *Journal of Consumer Policy*, n. 32, pp. 43-57.

KOTLER, Philip (1986) –"Administração de marketing: análise, planejamento e controle". São Paulo: Atlas.

KRAUSE, Daniel (1993) –"Environmental consciousness – an empirical study". *Environment and Behavior*, vol. 25, pp. 126-142.

KUHLEMEIER, Hans, van der BERGH, Huub e LAGERWEIJ, Nijs (1999) – "Environmental, knowledge, attitudes and behavior in Dutch secondary education". *Journal of Environmental Education*, vol. 30, pp. 4-19.

LANGERAK, Fred, PEELEN, Ed e VEEN, Mark van der (1998) –"Exploratory results on the antecedents and consequences of green marketing". *Journal of the Market Research Society*, vol. 40(4), pp. 323-335.

LAROCHE, Michel, TOFFOLI, Roy, KIM, Chankon e MULLER, Thomas (1996) –"The influence of culture on pro-environmental knowledge, attitudes and behavior: a Canadian perspective". *Advances in Consumer Research*, vol. 23, pp. 196-202.

LAROCHE, Michel, TOMIUK, Marc-Alexandre, BERGERON, Jasmin e FORLEO, Guido Barbaro (2002) –"Cultural differences in environmental knowledge, attitudes and behaviours of canadian consumers". *Canadian Journal of Administrative Sciences*, vol. 19, pp. 267-274.

LAROCHE, Michel, BERGERON, Jasmin e FORLEO, Guido Barbaro (2001) –"Targeting consumers who are willing to pay more for environmentally friendly products". *Journal of Consumer Marketing*, vol. 18, pp. 503-519.

LEE, Gerald C. P. e AHMAD, M. I. (1997) –"Green marketing and its implications for consumers and business in Malaysia". *Proceedings of the World Marketing Congress*, editado por SIDIN e MANRAI (1997), pp. 107-110.

LEE, Kaman (2008) –"Opportunities for green marketing: young consumers". *Marketing Intelligence & Planning*, vol. 26, n. 6, pp. 573-585.

LEEFLANG, Peter S. H. e RAAIJ, W. Fred van (1995) –"The changing consumer in the European Union: a 'meta-analysis' ". *Journal of Research in Marketing*, vol. 12, pp. 373-387.

LI, Ling-yee (1997) – "Effect of collectivis orientation and ecological attitude on actual environment commitment: the moderating role of consumer demographics and product involvement". *Journal of International Consumer Marketing*, vol. 9(4), pp. 31-53.

LIMA, Aida Valadas e SCHMIDT, Luísa (1996) –"Questões Ambientais: conhecimentos, preocupações e sensibilidades". *Análise Social*, vol. 31(135), n.1, pp. 205-227.

LOZADA, Hector R. e MINTU-WIMSATT, Alma (1996) –"Sustainable development and international business: a holistic perspective". *Journal of Euro-Marketing*, vol. 5, pp. 65-77.

MACKOY, Robert D. *et al*. (1997) –"Environmental marketing: bridging the divide between the consumption culture and environmentalism". *Environmental marketing – strategies, practice, theory and research*, editado por POLONSKY, Michael Jay e MINTU-WIMSATT, Alma, Reino Unido: Haworth Press.

MALHOTRA, Naresh K., PETERSON, Mark e KLEISER, Susan Bardi (1999) –"Marketing research: a state-of-the-art review and directions for the twenty-first century". *Academy of Marketing Science Journal*, vol. 27.

MARTIN, Brigid e SIMINTIRAS, Antonis C. (1994) –"Determinants of green purchase behaviour: a review of the literature and an agenda for future research", *Proceedings of the 1994 Annual Conference Marketing Education Group (MEG)*, "Marketing: Unity in Diversity", University of Ulster.

MCCARTHY, John A. e SHRUM, L. J. (2001) –"The influence of individualism, collectivism, and locus of control on environmental beliefs and behavior". *Journal of Public Policy & Marketing*, vol. 20, spring, pp. 93-104.

MCDONAGH, Pierre (1998) –"Towards a theory of sustainable communication in risk society: relating issues of sustainability to marketing communications". *Journal of Macromarketing*, vol. 14, pp. 591-622.

MEGLINO, Bruce M. e RAVLIN, E. C. (1998) –"Individual values in organizations: concepts, controversies and research", *Journal of Management*, vol. 24, May-June, pp. 351-389.

MENON, Anil e MENON, Ajay (1997) –"Enviropreneurial marketing strategy: the emergence of corporate environmentalism as market strategy". *Journal of Marketing*, vol. 61, pp. 51-67.

MENON, Anil, MENON, Ajay,; CHOWDHURY, Jhinuk e JANKOVICH, Jackie (1999) –"Evolving paradigm for environmental sensitivity in marketing programs: a synthesis of theory and practice". *Journal of Marketing Theory and Practice*, vol. 7, pp. 1-15.

MILES, Morgan P. e COVIN, Jeffrey G. (2000) –"Environmental marketing: a source of reputational, competitive, and financial advantage". *Journal of Business Ethics*, vol. 23(2), pp. 299-311.

MITCHELL, Vincent-Wayne e PAPAVASSILIOU, Vassilios (1999) – "Marketing causes and implications of consumer confusion". *The Journal of Product and Brand Management*, vol. 8, pp. 319-339.

MOISANDER, Johanna e PESONEN, Sinikka (2002) – "Narratives of sustainable ways of living: constructing the self and the other as a green consumer". *Management Decision*, vol. 40, pp. 329-342.

MOORE, Karl (1993) – "An emergent model of consumer response to green marketing". *Proceedings of the 22th EMAC Conference,*"Marketing for the new Europe: dealing with the complexity", editado por E.S.A.D.E. (1993), Spain.

MULLER, T. E. e TAYLOR (1991) – "Eco-Literacy Among Consumers: how much do they know about saving their planet". *Preparing for a Sustainable Economy*, editado por BURKHARDT e VANDENBURGH. Riverson Polytechnical Institute.

MUNSON, J. Michael (1985) – "Personal values: considerations on their measurement and application to five areas of research inquiry". *Personal Values and Consumer Psycology*, editado por PITTS, Robert E., WOODSIDE, Arch. Canadá, Lexiton Books.

NAESS, A. (1992) – "Deep Ecology and ultimate premises". *Society and Nature*, n.1, pp. 108-119.

NEUMAN, Keith (1986) – "Personal values and commitment to energy conservation". *Environment and Behavior*, vol. 18 (jan.), pp. 53-74.

NEWELL, Stephen J., GOLDSIMTH, Ronald E. e BANZAF, Edgar J. (1998) – "The effect of misleading environmental claims on consumer perceptions of advertisements". *Journal of Marketing: theory and practice*, spring 1998, pp. 48-60.

OBSERVA – Observatório Permanente de Ambiente e Sociedade (2001) – II Inquérito Nacional Sobre o Ambiente 2001 Disponível em: www.ecoline.ul.pt. ICS-UL/ISCTE, Lisboa.

OLSON, J. M. e ZANNA, M. P. (1993) – "Attitudes and attitude change". *Annual Review of Psychology*, vol. 44, pp. 117-154.

Organització de consumidors i usuaris de Catalunya – OCUC (2004) – "Ecoetiquetes – amigues del medi ambiente". Edita: Departament de Medi Ambient i Habitatge, Catalunha – Espanha.

OSTERHUS, Thomas L. (1997) – "Pro-social consumer influence strategies: when and how do they work?". *Journal of Marketing*, vol. 16, out., pp. 16-29.

OTTMAN, Jacquelyn A. (1997) – "Green marketing: opportunity for innovation". NTC Business Books.

PAÇO, Arminda (2005) – "Marketing verde: uma aplicação da segmentação de mercado aos consumidores portugueses". Tese de Doutoramento em Gestão, Universidade da Beira Interior, Covilhã.

PAIVA, Teresa (2004) – "O modelo de comportamento dos consumidores verdes – uma análise crítica". Tese de Doutoramento em Gestão, Instituto Superior de Ciências do Trabalho e da Empresa, Lisboa.

PANTZAR, Mika, RAIJAS, Anu e EISKANEN, Eva (2001) – "Greenconsumers? Greening consumption?". Disponível em: http: //www. iisd.ca/linkages/consume/ inst–pan.html.

PARK, C. Whan, MOTHERSBAUGH, David L. e FEICK, Lawrence (1994) – "Consumer knowledge assessment". *Journal of Consumer Research*, vol. 21(6), pp. 71-79.

PEATTIE, K. (1992) – "Green marketing". Reino Unido: Pitman Publishing.

PEATTIE, K. (1995) – "Environmental marketing management". Reino Unido: Pitman Publishing.

PICKETT-BAKER, Josephine e OZAKI, Ritsuko (2008) – "Pro-environmental products: marketing influence on consumer purchase decision". *Journal of Consumer Marketing*, n. 25/5, pp. 281-293.

PIETERS, Rik, BIJMOLT, Tammo, RAAIJ, Fred van e KRUIJK, Mark de (1998) – "Consumers' attributions of proenvironmental behavior, motivation and ability to self and others". *Journal of Public Policy & Marketing*, fall 1998, pp. 215-225.

PITTS, Robert E. e WOODSIDE, Arch G. (1985) – "Personal values and market segmentation: applying the value construct". *Personal Values and Consumer Psycology,* editado por PITTS, Robert E.,

WOODSIDE, Arch G., Canadá, Lexiton Books.

PITTS, Robert E., WONG, John K. e WHALEN, D. Joel (1991) – "Consumers' evaluative structures in two ethical situations: a means--end approach". *Journal of Business Research,* vol. 22, pp. 119-130.

POLONSKY, Michael Jay (1994) – "An introduction to green marketing". *Electronic Green Journal,* vol. 1, nov. 94.

POLONSKY, Michael Jay e MINTU-WIMSATT, Alma T. (1995) – "Environmental marketing: strateigies, practice, theory and research". The Haworth Press: Nova Iorque.

POLONSKY, Michael Jay *et al.* (1998) – "Communicating environmental information: are marketing claims on packaging misleading?" *Journal of Business Ethics,* vol. 17, pp. 281-294.

PORTILHO, Fátim (2003) – "Consumo sustentável: limites e possibilidades de ambientalização e politização das práticas de consumo". I Congresso Acadêmico sobre Meio Ambiente e Desenvolvimento do Rio de Janeiro. Rio de Janeiro.

PROENÇA, R. e PAIVA, Teresa (2003) – "The green consumers' decision-making process". *Proceedings of the 32th EMAC Conference,* "Marketing responsible and relevant?", editado por SAREN, Michael e WILSON, Alan, Strathclyde University, Escócia, Reino Unido.

PROENÇA, R. (2000) – "Modelling and categorisation of Portuguese GP's prescribing behavior: the case of patients with hypertension". Tese de Doutoramento em Marketing, vol. I e II, Universidade de Glasgow, Escócia, Reino Unido.

PROTHERO, A., MCDONAGH, P. e PEATTIE, K. (1994) – "Green marketing communications – dressing windows or opening doors?". *Proceedings of the 1994 Annual Conference Marketing Edu-*

cation Group (MEG), "Marketing: Unity in Diversity", University of Ulster.

PROTHERO, Andrea (1999) –"Constraints in developing na ecocentric ecological orientation: the macro contribuitions". *Macromarketing and twenty-first century challenges* – 24th Annual Macromarketing Conference, editado por University of Nebraska (1999).

PROTHERO, Andrea e FITCHETT, James A. (2000) –"Greening capitalism: opportunities for a green community". *Journal of Macromarketing*, jun. 2000.

PROTO, Maria e SUPINO, Stefania (1999) –"The quality of environmental information: a new tool in achieving customer loyalty". *Total Quality Management*, vol. 10, pp. S679-S683.

RAAIJ, W. Fred van (1993) – "Postmodern consumption". *European Perspectives on Consumer Behaviour*, editado por LAMBKIN, Mary, FOXALL, Gordon, RAAIJ, Fred van, Reino Unido: Prentice-Hall.

REIS, Maurício J. L. (1995) –"ISO 14000 – Gerenciamento Ambiental". Rio de Janeiro: Qualitymark.

REIS, Elizabeth, VALLE, P. O. do, MENEZES, João (2002) –"Enhancing recycling participation as a social marketing challenge: an assessment of the communication strategy". *Proceedings of the 31th EMAC Conference*, "Marketing in a changing world: scope, opportunities and challenges", editado por FARHANGMEHR, Minoo, Universidade do Minho, Portugal.

REX, Emma e BAUMANN (2006) –"Beyond ecolabels: what green marketing can learn from conventional marketing". *Journal of Cleaner Production*, vol.15(6), pp. 567-576.

ROBERTS, James (1996) –"Green consumers in the 1980's: profile and implications for advertising". *Journal of Business Research*, vol. 36, pp. 217-231.

ROBIN, Donald P. (1985) – "The logic of establishing value monitors". *Personal Values and Consumer Psycology*, editado por PITTS, Robert E., WOODSIDE, Arch G., Canadá, Lexiton Books.

ROKEACH, M. J. (1973) – *The nature of human values*. Nova Iorque: Free Press.

ROOZEN, Irene T. M. e DE PELSMACKER, Patrick (1998) – "Attributes of environmentally friendly consumer behavior". *Journal of International Consumer Marketing*, vol. 10(3), pp. 21-41.

ROTHBAUM, F., WEISZ, Jr., SNIJDER, S. S. (1982) – "Changing world and changing the self: a two-process model of perceived control". *Journal of Personality and Social Psychology*, vol. 42(1), pp. 5-37.

SAMDAHL, Diane M. e ROBERTSON, Robert (1989) – "Social determinants of environmental concern: specification and test of the model". *Environment and Behavior*, vol. 21(1), pp. 57-81.

SCHAUMAN and HOLZER (1990) – "Studies of environmental concern: the role of knowledge, gender and background variables", *Environment and Behavior*, 22(6), pp. 767-786.

SCHLEGELMILCH, B., BOHLEN G. e DIAMANTOPOLOUS, A. (1996) – "The link between green purchasing decisions and measures of environmental consciousness". *Europeam Journal of Marketing*, vol. 30, pp. 35-55.

SCHMIDT, L., TRUNINGER, M. e VALENTE, S. (2004) – "Problemas ambientais, prioridades e quadro de vida". *Os Portugueses e o Ambiente: II Inquérito Nacional Sobre o Ambiente*, coord. João Ferreira de Almeida, Oeiras, Celta Editora.

SCHOLDER, P., WIENER, J. L. e COBB-WALGREN, C. (1991) – "The role of perceived consumer effectiveness in motivating environmentally conscious behavior". *Journal of Public Policy and Marketing*, vol. 10(2), pp. 102-117.

SCHOT, J. e FISHER, K. (1993) –"The greening of the industrial firm". *Environmental Strategies for Industry,* editado por FISHER, K. e SCHOT, J., Washinton D.C.: Island Press.

SHULTZ II, Clifford J. e HOLBROOK, Morris B. (1999) – "Marketing and the tragedy of the commons: a synthesis, commentary and analysis for action". *Journal of Public Policy & Marketing,* vol. 18 fall, pp. 218-229.

SCHUHWERK, Melody E. e LEFKOFF-HAGIUS, Roxanne (1995) – "Green or non-green? Does type of appeal matter when advertising a green product?" *Journal of Advertising,* vol. 24, pp. 45-55.

SCHWARTZ, Shalom H. (1992) –"Universals in the content and structure of values: theorethical advances and empirical tests in 20 countries". *Advances in Experimental Social Psychology*, vol. 25, pp. 1-65.

SCHWARTZ, Shalom H. (1994) – "Are there universal aspects in the structure and contents of human values?". *Journal of Social Issues,* vol. 50, pp. 19-45.

SCHWARTZ, Shalom H. e BILSKY, Wolfgang (1987) –"Toward a universal psychological structure of human values. *Journal of Personality and Social Psychology,* vol. 53, pp. 550-562.

SCHWARTZ, Shalom H. e BILSKY, Wolfgang (1990) –"Toward a theory of the universal content and structure of values: extensions and cross-cultural replications". *European Perspectives on Consumer Behaviour,* editado por LAMBKIN, Mary, FOXALL, Gordon, RAAIJ, Fred van, Reino Unido: Prentice-Hall.

SCHWEPKER, Charles H. e CORNWELL, T. Bettina (1991) –"An examination of ecologically concerned consumers and their intention to purchase ecologically packaged products". *Journal of Public Policy & Marketing,* vol. 10(2), pp. 77-101.

SHARMA, Sanjay, PABLO, Amy L. e VREDENBURG, Harrie, (1999) – "Corporate environmental responsiveness strategies: the importance of issue interpretation and organizational context". *Journal of Applied Behavioral Science*, vol. 35, p. 87-108.

SHEPPARD, B. H., HARTWICK, J. e WARSHAW, P. (1988) – "The theory of reasoned action: a meta-analysis of past research with recommendations for modifications and future research". *Journal of Consumer Research*, vol. 15, pp. 325-343.

SHETH, Jadish N. e PARVATIYAR, Atul (1997) –"Ecological imperatives and the role of marketing". *Environmental Marketing – strategies, practice, theory and research,* editado por POLONSKY, Michael Jay e MINTU-WIMSATT, Alma, Reino Unido: Haworth Press.

SHRIVASTAVA, Paul (1995) –"Ecocentric management for a risk society". *Academic Management Review*, vol. 20(1), pp. 118-138.

SHRUM, L. J. e MCCARTHY, John A. (1995) –"Buyer characteristics of the green consumer and their implications for advertising strategy". *Journal of Advertising*, vol. 24, summer, pp. 71-87.

SHRUM, L. J., MCCARTHY, John A. e LOWERY, Tina (1995) –"Buyer characteristics of the green consumer and their implications for advertising strategy". *Journal of Advertising*, vol. 14(2), pp. 71-82.

SILVEIRA, Paulo (2001) –"Marketing 'verde': conceptualização teórica e abordagem da distribuição moderna retalhista alimentar". *Estudos de Gestão – Portuguese Journal of Management Studies*, vol. VI, pp. 61-88.

SILVEIRA, Rogério Marques (2001) –"Protecção ambiental, inovação e a competitividade das empresas portuguesas". *Proceedings da 4.ª Conferência de Economia Portuguesa,* "Workshop de jovens pesquisadores do CISEP", Centro de Pesquisa de Economia Portuguesa, Lisboa.

SIMINTIRAS, C. A., SCHLEGELMILCH B. B., DIAMANTOPOULOS, A. (1993) – " 'Greening' the marketing mix: A review of the literature and an agenda for future research". *Perspectives on Marketing Management*, editado por BACKER, M., vol. 4.

SINGHAPAKDI, Anusorn e LATOUR, Michael S. (1991) – "The link between social responsibility orientation, motive appeals and voting intention: a case of an anti-littering campaign". *Journal of Public Policy & Marketing*, vol. 10, *fall*, pp. 118-130.

SOLER, Francisco, GIL, Jose M. e SANCHEZ, Mercedes (2002) –"Consumers' acceptability of organic food in Spain". *British Food Journal*, vol. 104, pp. 670-687.

STAFFORD, Edwin R. e HARTMAN, Cathy L. (1996) – "Green alliances: strategic relations between business and environmental groups". *Business Horizons*, vol. 39, pp. 50-55.

STEAD, Jean G. e STEAD, Edward (2000) – "Eco-enterprise strategy: standing for sustainability". *Journal of Business Ethics*, vol. 24(4), pp. 313-329.

STEENKAMP, J., HOFSTED, Frenkel e WEDEL, Michel (1999) – "A cross-national investigation into the individual and national cultural antecedents of consumer innovativeness", *Journal of Marketing*, vol. 63(2), pp. 55-59.

STERN, P. C. e OSKAMP, S. (1997) –"Managing scarce environmental resources". *Handbook of Environmental Psychology*, editado por STOKOLS, D. e ALTMAN, I., pp. 1043-1088. Nova Iorque: Wiley.

STERN, Paul, DIETZ, Thomas e GUAGNANO, Gregory A. (1995) –"The new ecological paradigm in social-psychological context". *Environment and Behavior*, vol. 27(6), Novembro, pp. 723-743.

STERN, Paul, DIETZ, Thomas e GUAGNANO, Gregory A. (1998) – "A brief inventory of values". *Educational and Psychological Measurement*, vol. 58(12), pp. 984-1001.

STERN, Paul, DIETZ, Thomas, KALOF, Linda e GUAGNANO, Gregory A. (1995) –"Values, beliefs and proenvironmental action: attitude formation toward emergent attitude objects". *Journal of Applied Social Psychology*, vol. 25(18), pp. 1611-1636.

STRAUGHAN, Robert D. e ROBERTS, James A. (1999) –"Environmental segmentation alternatives: a look at green consumer behavior in the new millennium". *The Journal of Consumer Marketing*, vol. 16, pp. 558-575.

TADAJEWSKI, Mark e WAGNER-TSUKAMOTO, Sigmund (2006) – "Anthropology and consumer research: qualitative insights into green consumer behaviour". *Qualitative Market Research: An International Journal*, vol. 9, n.1, pp. 8-25.

TARRANT, Michael e CORDELL, H. Ken (1997) –"The effect of respondent characteristics on general environmental attitude-behavior correspondence". *Environment and Behavior*, vol. 29(5), set. pp. 209-235.

THOGERSEN, John (1999) –"The ethical consumer. Moral norms and packaging". *Journal of Consumer Policy*, vol. 22, pp. 439-460.

THOMPSON, Craig J. (1997) –"Interpreting consumers: a hermeneutical framework for deriving marketing insights from the texts of consumers' consumption stories". *Journal of Marketing Research*, vol. 34(11), pp. 438-455.

THOMPSON, Suzanne e BARTON, Michelle (1994) –"Ecocentric and anthropocentri attitudes toward the environment". *Journal of Environmental Psychology*, vol. 14, pp. 149-157.

TRUNINGER, Mónica (2000) – "Consumo e ambiente – consumos 'verdes': alimentação e risco". Projecto Observa, ISCTE. Lisboa, ago. 2000.

TYLER, Elizabeth Hall (2001) –"Development of an environmental values typology". Tese de Doutoramento em Filosofia, Universidade de Illinois, Urbana, Illinois.

VALENTE, Susana, (1999) –"Marketing ambiental, estratégias de produção e contextos de recepção". Lisboa, Observa (*blueprint*).

VALETTE-FLORENCE, P. e JOLIBERT, A. (1990) –"Social values, A.I.O, and consumption patterns". *Journal of Business Research*, vol. 20, pp. 109-122.

VALETTE-FLORENCE, Pierre e RAPACCHI, Bernard (1991) – "Improvements in means-end chain analysis, using graph theory and correspondence analysis". *Journal of Advertising Research*, fev./mar. 1991, pp. 30-44.

VALLE, Pratícia, REIS, Elizabeth e MENEZES, João (2003) – "The relevance of the communication strategy in encouraging recycling practices – an application of homals and cluster analysis". *Métodos Quantitativos 3*, editado por REIS, Elizabeth e HILL, Manuela Magalhães. Lisboa, Portugal: Edições Sílabo.

VAN DAM, Ynte K. e APELDOORN, Paul A. C. (1996) – "Sustainable marketing". *Journal of Macromarketing*, vol. 16, pp. 45-56.

VAN LIERE, Kent D. e DUNLAP, Riley (1980) – "The social bases of environmental concern: a review of hypotheses, explanations and empirical evidence". *Public Opinion Quartely*, 44, pp. 181-197.

VAN LIERE, Kent D. e DUNLAP, Riley (1981) – "Environmental concern: does it make a difference how it's measured?". *Environment and Behavior*, vol. 13, n.6, pp. 651-676.

VINSON, Donald, SCOTT, Jerome E. e LAMONT, Lawrence (1977) – "The role of personal values in marketing and consumer behavior". *Journal of Marketing*, abr., pp. 44-50.

VRIENS, Marco e HOFSTEDE, Frenkel Ter (2000) – "Linking attributes, benefits and consumer values". *Marketing Research*, vol. 12, pp. 3-13.

WAGNER, Sigmund A. (1997) – *Understanding green consumer behavior – a qualitative cognitive approach*. Reino Unido: Routledge.

WAGNER-TSUKAMOTO, Sigmund e TADAJEWSKI, Mark. (2006) – "Cognitive anthropology and the problem solving behaviour of green consumers". *Journal of Consumer Behaviour*, vol. 5, pp. 235-244.

WALKER, Beth A e OLSON, Jerry C. (1991) – "Means-end chains: connecting products with self". *Journal of Business Research*, vol. 22, pp. 111-118.

WASIK, John F. (1996) – *Green marketing and management – a global perspective*. Reino Unido: Blackwell Publishers.

WEBSTER, Frederick E. (1975) –"Determining the characteristics of the socially conscious consumer". *Journal of Consumer Research*, vol. 2, dez., pp. 188-196.

WEIGEL, Russel e WEIGEL, Joan (1978) –"Environmental concern – the development of a measure". *Environmet and Behavior*, vol. 10(1), pp. 3-15.

WIDEGREN, Orjan (1998) –"The new environmental paradigm and personal norms". *Environment and Behavior*, vol. 30(1), pp. 75-100.

WILDAVSKY, A. (1987) – "Choosing references by constructing institutions: a cultural theory of preference formation". *American Political Science Review,* 81, pp. 3-21.

WINTER, Georg (1992) –"Gestão e ambiente: modelo prático de integração empresarial". Lisboa: Texto Editora.

ZAMAN, Manir; YAMIN, Shaid e WONG, Fiona (1996) – "Environmental consumerism and buying preference for green products". *Proceedings of the 1996 Australian Marketing Conference*, editado por RIQUIER, Christopher e SHARP, Byron, vol. II, pp. 613-625, University of South Australia, Austrália.

ZIMMERMANN, Laura K. (1996) –"The development of an environmental values short form". *Journal of Environmental Education*, vol. 28(1), pp. 32-37.

ZINKHAN, George M. e CARLSON, Les (1995) –"Green advertising and the reluctant consumer". *Journal of Advertising*, vol. 24, summer, pp. 1-7.

SITES CONSULTADOS

Análise do Ciclo de Vida (ACV) e Design for Environment (DFE) – Projeto para o meio ambiente. Disponível em : <http: //www.eps.ufsc. br/teses98/glaucia/cap4.html>.

European Commission Environment. Disponível em: <http://ec.euro-pa.eu/environment/ecolabel/ >.

Este livro foi impresso em setembro de 2011
pela Graphium sobre papel off-set 75g/m^2